LOUDONG DUOYING

娄东掇英

端木向宇 著

苏州大学出版社
Soochow University Press

图书在版编目(CIP)数据

娄东掇英 / 端木向宇著. — 苏州：苏州大学出版社, 2018.10
ISBN 978-7-5672-2640-1

Ⅰ.①娄… Ⅱ.①端… Ⅲ.①名人-生平事迹-太仓 Ⅳ.①K820.853.4

中国版本图书馆 CIP 数据核字(2018)第 205282 号

| 书　　名：娄东掇英
| 著　　者：端木向宇
| 责任编辑：周建兰
| 助理编辑：孔舒仪
| 装帧设计：吴　钰
| 出版发行：苏州大学出版社(Soochow University Press)
| 社　　址：苏州市十梓街 1 号　邮编：215006
| 印　　刷：虎彩印艺股份有限公司
| 网　　址：www.sudapress.com
| 邮购热线：0512-67480030
| 销售热线：0512-67481020
| 开　　本：787mm×960mm　1/16　印张：12.5　字数：211 千
| 版　　次：2018 年 10 月第 1 版
| 印　　次：2018 年 10 月第 1 次印刷
| 书　　号：ISBN 978-7-5672-2640-1
| 定　　价：45.00 元

凡购本社图书发现印装错误,请与本社联系调换。服务热线:0512-67481020

序　言

　　太仓，枕江临海，人杰地灵。因据娄江之侧，亦称"娄东"。

　　还在小时候，读到张溥的《五人墓碑记》，我不仅痴迷于他的文采，还拍案于他的太仓人氏背景——总以为很小的太仓，竟然会出这么一个古代名人。于是激起了我的好奇心，开始去寻找散落于娄江之畔的历史印记。特别是后来到当时的太仓县中学读高中，面对着校园中清代试院遗存的老房子，融身于纵贯校园的长长砖廊，总会感觉到一种时空的轮换与交叠。慢慢地，记忆中就有了王锡爵、王世贞、吴梅村、吴健雄、朱棣文、娄东画派、江南丝竹、昆曲等许许多多的人和事。

　　2010年，学院成立了职业素质教育中心，其有一块功能就是开展人文艺术教育。于是我大胆尝试开设具有太仓地方特色的文化课程，起名《娄东文化》，邀请了太仓著名作家凌鼎年先生担任主讲，后来又得到了娄东文化研究学者汪放、张炎中、高琪等指导，学院同时也培养了费晓丹等几位年轻老师加入地方特色文化的传承与弘扬中来。

　　2016年，与江苏省签约作家端木向宇女士邂逅于一次朋友聚会上，在随意的交谈中，我感动于她对娄东文化的痴迷与追索，折服于她对娄东文化的敬重与热爱，更敬佩于她的那份现代青年少有的清新与淡泊。在相谈甚欢之余，我邀请她到学院来开设一门课程，当时商定的选修课程为《娄东名士》。由于以前并没有多少讲课经历，所以端木做了许多令人感叹的准备工作，每课的讲稿、展示的物件、照片和视频，甚至她自己的衣着打扮，都是根据讲课内容精心准备的。用她自己的话来说，就是"我最怕同学们不喜欢这门课"。没想到的是，她的《娄东名士》一炮打响，成为学院人文艺术选修课中最受欢迎的一门课程。再观她的讲稿，引经据典，朴实严谨，字字句句，无不呕心沥血。

经过我和她多次商议，她同意把两年来整理的讲稿做进一步的修改和补充，在苏州大学出版社朋友们的帮助下，终于结集成册，改名《娄东撷英》，并于近日付梓。该书的出版，既如了她的心愿，也承载了我浓浓的乡情。

写到此，突然想起胡适老先生的一句话，"成功不必在我，而功力必不唐捐"。亦如是，端木向宇女士的努力必不唐捐，而传承与弘扬传统文化的风气必将日盛。正如钱穆先生所说，"风气必由少数人提倡，得多数人响应，逮于众之所趋，势之所归，蔚然成风"。风已起，终不息！

是为序！

霍 彧

于苏州健雄职业技术学院

2018 年教师节

前　言

娄东文化的发展与娄东名士们的关系密不可分，也可谓是娄东名士们造就了非凡的娄东文化，使得长江之东的这股文脉源远流长。娄东文化是太仓的根基和灵魂，也是太仓文明建设的宝贵精神资源，更是太仓经济发展的内源动力。《娄东掇英》分上卷古代和下卷近现代两部分，共收录35位太仓名士。在浩瀚的历史长河中，娄东的名士乡贤辈出，本书选录的人物仅是"太仓一粟"。讲述娄东历史文化名人，其文化流派是吴文化的汇集与一脉相传。如吴梅村创始的娄东诗派、王时敏等"四王"为代表的娄东画派赋予精致的古典高雅文化；以郑和为代表的江海文化赋予通融的开放胸怀；以江南丝竹、滚灯、龙狮为代表的民间文化具有一份"安和"的生活情致。意图借助《娄东掇英》一书，弘扬娄东文化精神，培养太仓本地青少年的乡土文化意识，深刻领会娄东文化的内涵与意义，进一步传承和发展娄东文化精神。娄东，这是座历经几千年历史沧桑的文化古城，古朴、典雅而又富有生命力。它不仅是物产丰富的鱼米之乡，还是园林、昆曲、江南丝竹等艺术的发源地。我国的传统文化艺术具有特有的古典之美，其遗产极其丰富并且辉煌。像绘画、书法、音乐、舞蹈、戏曲、园林、建筑、雕塑、工艺美术、传统美食、传统服饰等都有伟大的创造，透着五千年文明古国深厚的文化底蕴。

研究一方文化必先了解其地方历史，而了解其历史之前需要研究其人。在明弘治十年（1497）太仓建州前，分属于昆山、常熟、嘉定，后划归太仓。最早的本土人物志为民国凌祖诒编撰的《太仓乡先贤画像》，留有遗像与简述事迹。目前有娄东文化丛书《娄东乡贤》和《太仓历史人物图典》等典籍，均为图谱或仅有简要概述，并未能深入展开，无法做到更深一步的历史研究。人物大多为一张相似的画像和沿用文言文的概述，给现代人的阅读和了解历史带来不便，更无旁证来证明名人之成就。个别著名的如王世贞、王锡爵、吴梅村等有后人著书为传世外，其在泱泱的娄江文化人物中也为凤毛麟角之事。

娄东文化是太仓的根基和灵魂，也是太仓文明建设的宝贵精神资源，更是太仓经济发展的内源动力。《娄东掇英》一书内容来源于苏州健雄职业技术学院的一门公共选修课"娄东名士"，该门课程是通过乡土文化教育，指导学生正确理解与自觉传承太仓本土的优秀传统文化，并汲取传统文化的精华，积累起深厚的地域文化底蕴，能为本地文化的建设和发展做出贡献。

本书旨在加强乡土文化的教育，这原本是人文素质中的重要组成部分，但在以往这部分知识显得较为薄弱，有必要将被切断的乡土文化流脉接续起来。借此，激发青少年热爱本地文化的情感，强化其对乡土问题的关怀，培养其服务社会与本土的热诚，培养大家更好地拥有自我的人本情怀、乡土情结和社会意识。

目 录

导语 / 1

【上卷】 古 代

支遁大师：神龟化作凤凰而去 / 3
双凤镇与双凤寺　双凤寺创始人支遁　云游四海的支遁
玄学大师以禅学作诗

郏亶：六得七事治"三江" / 8
宋成吴门水利　父子治水无惧罢官　郏亶墓与维新遗址

伯颜：开辟海运的"六国码头" / 12
古船见证700年漕运　善于治军的伯颜　伯颜盛极而衰
元朝成就了海运

赵孟頫：千情墨宝在"墨妙" / 17
赵孟頫归去来兮　茜泾筑起玉山草堂　"墨妙"亭里亭外

郑和：从太仓开启的航海时代 / 22
主题公园里的郑和　浏河的天妃宫　周闻的墓志铭
麻将起源说　太仓港重现下西洋的辉煌

陆容：太仓菽园偶拾 / 29
太仓菽园　《菽园杂记》　"娄东三凤"
过农历七月三十风俗

毛澄："人瑞状元坊" / 35
太仓状元　皇帝身边的讲官　建立了"人瑞状元坊"

徐祯卿：江南四才子之一 / 39
相貌平平而受欺　学成就号"文雄"　诗学思想著《谈艺录》
考据徐祯卿为双凤人

仇英：《清明上河图》里话心酸 / 45
一幅明代《清明上河图》　不甘于当一名漆工　天道酬勤以临摹名世

魏良辅：娄东之水磨昆腔 / 50
良辅改良昆腔　流行风潮"水磨腔"　南码头的家乐班

王忬：赝品古董招致的祸端 / 55
王忬象牙腰牌　兄弟救父　赝品古董招致的祸端

陆子冈：与"玉"无处诉说之憾 / 59
州人"子冈"制牌　君子与玉比德焉　"子冈玉"之生死结

王世贞：此情何以堪 / 64
《金瓶梅》撰文一说　李时珍十年等一序　弇山园内修仙记

王锡爵：万历皇帝亲政时期的宰辅 / 71
王锡爵名重一时　"三王并封"　敢于建言勇于直谏

王焘贞：飘落凡尘一朵云 / 76
牡丹亭里的杜丽娘　修仙为道的昙阳子　昙阳观里的寂寞

赵宧光：寂寥寒山何所睹 / 81
寒山多幽奇　寒山多隐士　寒山多著述

王在晋：可能挽救大明王朝的人 / 85
王在晋的战术谋略　最终未能挽救大明王朝　王在晋与《历代山陵考》

汪关：以汉印为名的印痴 / 89
篆刻是门手艺活　汪关为王时敏治印　古代文人与篆刻　创冲刀制印法

徐上瀛：弹得一手好琴的武举人 / 94
雕琢今为器　"左琴右书"　士无故不撤琴瑟　"我有嘉宾，鼓瑟鼓琴"

王时敏："娄东"大时代 / 100
建造最倾心西庐园　追逐幻梦般《秋山图》　摹古开创"娄东派"

薄少君：此恨不关风与月 / 105
悲之铮铮　即山诗文钞　悲情薄少君

张溥：明代复社领袖 / 109
江南士子　复社之人朝政一新　私谥曰"仁学先生"

吴伟业：一卷风流的诗人 / 115
以锦绣为肝肠　梅村一卷足风流　自题圆石作诗人

陆世仪：人安可一息不读书 / 120
人性中皆有悟　治一国必自治一乡始　驳朱熹的教育

归庄：他与"归庄"的百般交集 / 125
归庄是复社成员　为避战事隐于凡山　虽作头陀却不解禅　四代皆为儒学大家

王原祁：清香远逸赏画时 / 130
《西湖十景图》　画图留与人看　他的出蓝之道

王掞：遭康熙皇帝痛骂的大学士 / 135
祖孙"宰相"　尽忠心王掞犯龙颜　清初"四王"关系都在画里
西山大悲寺碑文之笔误

毕沅：梅花诗里泪满红尘 / 141
盐铁塘畔的毕沅府　天降良机幸得状元　乡情满怀三写梅花诗

陆增祥：一生痴迷于金石学研究　/ 147
一举夺魁高中状元　获取功名就是孝道　"痴官"陆增祥

【下卷】　近现代

唐文治：近代教育中的"唐调"吟唱法　/ 153
唐氏与"唐调"　躬身实践为治学　创办"上海交大"　十年义教不受薪

朱屺瞻：谈艺录《癖斯居画谈》　/ 159
他的"梅花草堂"　家塾中苦心读书　笔贵有力，力贵有势

吴晓邦：中国新舞蹈艺术的开创者　/ 164
外表儒雅内心似火　辉煌的舞蹈生涯　中国舞蹈家协会　舞蹈教育家

蒋恩钿：心中拥有月季梦　/ 169
恩钿月季园　回国研究月季花　北京天坛公园

吴健雄：被称为"世界物理女王"　/ 174
大学之道，在明明德　童年吴健雄　吴健雄与恩师胡适

朱棣文：在太仓的办学情结　/ 179
朱棣文家人　长年投身实验物理学　太仓市朱棣文小学

附录：太仓名人录　/ 184

主要参考书目　/ 186

导 语

太仓是中国江南的一个"水"的城市,"水"的灵气孕育了这片古老的土地。被太仓人亲切地称为"母亲河"的娄江,不仅滋润了一方沃土,养育了这里的儿女,而且随着历史的发展,孕育出了一种独特的文化现象,人们称它为"娄东文化"。元朝时期于此地开创了"漕运文化";文学先驱王世贞独主文坛20年;史学骄子张溥领导的复社声震朝野;汤显祖的《牡丹亭》在这里首演亮相;李时珍《本草纲目》由此地蜚声海外;戏曲大师魏良辅在这里始创昆曲;音乐家张野塘于此地演化江南丝竹。这里是人类先祖繁衍生息之地,这里是娄东文化的神奇之源,娄东还是中国古法琉璃之乡!

《娄东掇英》分上卷古代和下卷近现代两部分,在此作者尽力挖掘和发现太仓的历史与文化,以人物传记的形式进行艺术加工,增加了趣味性和可读性。如书内"赵孟頫与墨妙亭"的故事,很多人知道太仓王锡爵故居的碑廊有《归去来兮》和《送李愿归盘谷序》两块元代书法家赵孟頫的书法碑,传说是真迹,但这个真迹是怎么到太仓的呢?又怎么会留在太仓王锡爵故居的呢?作者带着很多的问号对娄东文化进行深入的发掘,原来在元代时太仓有一位叫顾仲瑛的诗人,他的父亲顾信是赵孟頫的学生,多次带老师来游太仓观长江。顾仲瑛其子为父亲在太仓城西建了淮云寺,寺内造有"墨妙亭",专门存放墨宝。经过层层的抽丝剥茧,终于找到了答案,运用这种逆推的形式来还原历史,不仅真实也很有趣味。这样生动有趣的历史故事,脱离了对一般读者来说晦涩难懂的史学,而将历史以通俗故事形式讲给大家听,这也得到了读者的认同。还有"王焘贞与牡丹亭""毕沅与西安碑林""王世贞与弇山园""仇英与清明上河图"等故事,也是这样诞生的,其中不免有一些史料未记录而通过合理想象的部分。

如仇英出身太仓的工匠之家,早年为漆工,兼为人彩绘栋宇,后以绘画为生。他是明朝具有代表性的画家之一,与沈周、文徵明、唐寅被后世并称为"明四家""吴门四家"。描写仇英与太仓的那部分内容,则重点、深入、引人入胜地进行客观的阐述。仇英曾在著名鉴赏家、收藏家项元汴、周六观家中见识大量古代名作,临摹创作大量精品。他擅长画人物、山水、花鸟,尤擅于临摹。他的创作态度十分认真,一丝不苟,每幅画都严谨周密、刻画入微。他创作的仿本《清明上河图》以精湛的制作工艺和厚重的艺术价值令世人叹为观止。但查遍画史、方志和相关古籍,关于仇英的记载简单到几乎可有可无的地步,甚至连他的出生年月都记录不详。

又如《毕沅:梅花诗里泪满红尘》一文,由两块在太仓新华东路卖秧桥畔发现的碑刻引出毕沅平生之事。他因才华横溢而一生颇多起伏,又因当年的廷试第一、状元及第被授予翰林院修撰。他曾任陕西、山东巡抚和湖广总督,在和珅大寿时赋诗相赠。嘉庆帝赐"活络丸"药,为解他的手足麻木。博学多才的他,潜心研攻经史,敬重文士,尤好扶植后进,除编撰《续资治通鉴》外,还修葺古墓,并成就了现在名闻天下的"西安碑林"。他写的梅花诗令后人无比寻味,与名伶李桂官的相好之事,如红尘中的一粒朱砂,在人们的传说中渐行渐远。

在《赵宦光:寂寥寒山何所睹》中,作为太仓人的赵宦光是宋太宗赵炅第八子元俨的后裔,他的名望可谓人尽皆知,可他平生的故事却鲜有太仓人去发掘。《娄东掇英》一书就对他的故事进行了深入的挖掘。从宋王室南渡时,留下一脉在吴郡太仓开始,作为王室后裔的赵宦光却一生不仕,只以高士名冠吴中。他为山水而生、为山水而死,操守卓然,名动当时。让南来北往的缙绅大夫热烈追捧;让前朝后世的墨客骚人流连忘返;让一代帝王乾隆六下江南临幸追怀,并作诗十六首盛加赞誉。赵宦光著书不下数万篇,他创新草篆体,其洋洋大观的《说文长笺》《六书长笺》《寒山帚谈》等使他成为"晚明孤峰"。他是如何成为晚明文化代表者？他的成就在哪里？经过调研，揭开了赵宧光辉煌的一面。

在《王时敏："娄东"大时代》中，作者通过太仓城西门外六七里有一片绿意葱葱的公园展开叙述。在水面上临着亭台与楼榭，在树林的小径上有野花芬芳，可坐在竹廊桥内观鱼赏花，听松涛与风声，想古人之风雅与今人的闲情。这里就是太仓西庐园，是明末清初著名画家王时敏晚年归里所筑的田园式别墅，是当年王时敏与诸多画家聚会、赋诗、作画的地方。西庐园几经沉浮，它的足迹已被历史掩埋。2004年为再现其往日风雅风貌，西庐园被重建。王时敏擅山水画，专师黄公望，笔墨含蓄，苍润松秀，浑厚清逸。他的画在清代影响极大，王翚、吴历及其孙子王原祁均得其亲授。他开创了山水画的"娄东派"，与王鉴、王翚、王原祁并称"四王"，外加恽寿平、吴历合称"清六家"。

由于对太仓历史的深究与探寻，让作者得到不小的收获。而后又创作了"归玄恭与归庄""魏良辅与昆腔""陆世仪与读书""吴梅村与梅村诗""王原祁与山水画""郏亶与治水""汪关与治印""陆子冈与玉"等太仓历史故事。本书旨在搭建起一个让太仓的娄东文化得以展示和传承的平台，让对娄东历史有研究或有兴趣的人能深入地了解与参与，希望大家一起来发现娄东文化的艺术之美。

在此，感谢给予作者帮助的娄东文化研究的学者们，本书同样凝聚了前人的成果，一并致谢。

上卷

古　代

支遁大师：神龟化作凤凰而去

小引：支遁（314—366），晋朝名僧，玄学大师，他的思想受到当时名士们的推崇。在以记载清谈家言行为主的《世说新语》中，关于支遁的记载就有几十条。他也是一位典型的具有清谈家条件的老释僧人，他对于清谈家最为宗奉的典籍《庄子》有着独到的见解。对于《逍遥游》篇尤能独抒己见，曾为当时名士王羲之等欣赏。

双凤镇与双凤寺

在春分之后，谷雨之前，万物皆洁齐而清明。

清明节的三天假期天气出奇的晴朗，芳草茵茵、百花芬芳。从太仓到虞山行驶最快捷有两条路，一条是烟沪线即204国道，还有一条是沿江高速。由于上海往北车流密集，又恰逢节日小车免费通行，令沿江高速时常拥堵。可有人就算是在高速公路堵上几小时，也不愿从烟沪线走，原因就在于双凤寺的盛名与其临近国道，清明节前来祭拜的车流更是堵上添堵。

双凤寺是一所颇具盛名的寺庙，说起它的来历，作为外乡人的我其实并不清楚，只是每次回虞山都必须经过此地，而对其有了印象。最深刻之处就在于清明节的拥堵，一条双向四车道的国道不断向西边分流，后面赶上来的车，还是让此处堵塞停滞不前。交巡警辛苦来回指挥，可大巴士一辆连着一辆临时停靠在路边，仅能以狭窄通道过之。此时的凤北路，也就是双凤羊肉美食一条街，就会迎来一年一度的客流盛况。

除此，双凤镇还有一个人气聚集的原因是玉皇阁，它位于凤林路西侧，是太仓市排得上号的名胜之一。每逢时节庆典，居民舞龙戏狮，远近热闹非凡。

现今，牌坊两侧两间木结构大屋顶的商店，还保留着往昔的古旧风貌。从古到今，此外一直是商贩云集之地。

美食街对面，沿着国道边的古河道盐铁塘，就到了双凤寺，在坡地"芳草坪"上，刻意种植黄杨，勾画出四个醒目大字：双凤福地。河东遥看绿野中、树林里，双凤寺两座雄伟大殿，在春日照耀下金光四射，彰显梵域气象。过盐铁塘走上水泥大拱桥，桥正中鎏金书"上冈桥"三字，仿佛有赵州古石桥神韵。双凤古代临海为岗身，这也是"上冈"二字的来历。

桥下即是双凤寺，而双凤镇享有盛名的原因便在于此寺。双凤寺是晋咸和六年也就是公元331年建造的庙宇，距今有1680多年。当时的太仓大地一部分还处于汪洋之中，可见该寺屹立于历史的悠悠长河中，当初所建之处是为"宝地"。庄严的大雄宝殿建在汉白玉栏杆围成的台阶上，正中供奉释迦牟尼本师佛、东方琉璃药师佛、西方阿弥陀佛。两边是普贤菩萨和文殊菩萨、十八罗汉。后殿为南海观世音菩萨。两廊别设法堂僧寮斋房等。古寺前有古道盐铁塘通达江海，后有万顷良田稻香。

双凤寺创始人支遁

说起这座双凤寺，还有一个不寻常的神话传说。在东晋时期，与谢安、王羲之等齐名的河南高僧支遁禅师，喜欢周游各地。那时他正好在此地建寺，传说，有一天傍晚，支遁抬头看见东方有一道祥云飘来，在云朵中射出光芒万丈。他预知必有吉事发生，第二天便带着寺中弟子沿着前一天看见祥云的地方寻找。结果在一片四面被河水环绕且郁郁葱葱的竹林里，他发现了踪迹。就命弟子们拿来镐铲工具将那里挖开，果然得到一件宝物，传说是秦朝黄石翁《双凤福地记》石碑一块和一石盒。支遁打开石盒，见石盒里躺着一对玲珑剔透的石龟。那对石龟一见着光，便轰的一声巨响，升腾起一朵祥云，化为一凤一凰在祥云里翩翩起舞。又过了一会儿，四周群鸟纷纷向这对凤凰聚拢过来，簇拥着凤凰在空中不停地盘旋，凤凰栖落到一座木桥上。后人便把这座桥命名为"栖凤桥"。

高僧支遁颇感惊讶，他把自己遇见的这桩奇事上奏给了晋成帝，晋成帝当即下诏书，把这块宝地赐名为"双凤"，还命在掘地得龟处兴建寺院，御赐"双凤寺"匾额一块。得到御旨的支遁就开始在双凤筹建双凤寺，没想到又有神奇的事情发生了。在他掘出神龟的地方，竟然出现了一口深井，井中源源不断地吐出木材，正好用来建造寺院。

这不过是人们想象中的美丽传说而已，作为后人已无从考证一千多年前的事。然而，在魏晋时代老庄的玄学极盛行，佛教僧侣有的也加入了清谈的行列，佛经成了名士们的清谈之资，而支遁几乎是这种风气的代表人物。因而支遁一生交往的名士很多，名士也喜欢和他来往，并且非常推崇他。

云游四海的支遁

约晋愍帝建兴二年，也就是公元314年，支遁出生于一个信奉佛教的家庭。年幼的时候就四处流寓。在京城，他同一些名士有来往，并备受赏识。他在余杭隐居时，研究了《道行般若》等经典。太原王濛对他很敬重，有次与支遁等人谈论《庄子·逍遥篇》，王濛认为"能够适性就是逍遥"，可有思想的支遁却说："不对。夏桀这样的暴君和柳下跖这样的大盗以残害生灵为性，若说能适性就是逍遥，那么夏桀、柳下跖也是逍遥了？"经过这次论道，支遁就着手注释《庄子·逍遥篇》，他在各家注释之外，另立新意，使许多名儒贤人都为之叹服。

支遁25岁时游历至姑苏天平山以北的支硎山，就看中了此地，遂决定在此隐居。他先在山上筑了草庐，天天在庐内读书作诗、喝茶呷酒，很悠闲自得。他喝茶喝出了《茶经》，呷酒品出了《酒经》，醉心于书诗礼乐、天文地理，成了满腹学问的大名士。他很有怜悯之心，对于草木都爱护有加。他觉得草虽孱弱，也是生命，采不得。后来他开山平地修建了支硎山寺。

当时在会稽作内史的王羲之，听说了支遁的盛名，但他并不相信这个人有什么本事，以为就是人们的传言，不足为信。在支遁路过会稽时，王羲之就决定来拜访他，想看看虚实。两人见面后，王羲之对支遁说："你注释的《庄子·逍遥篇》可以看看吗？"支遁拿出他的注文，洋洋千言，才思泉涌，文藻新奇，惊世骇俗。王羲之被支遁的才情所吸引，依依流连，不愿离去。并请支遁住到离他不远的灵嘉寺，以便随时往来。

还有一次，有人送给支遁几匹马，他精心饲养，因此被人笑话，他回答说："我是爱它的神骏，随便养着罢了。"后来又有人送他两只鹤，他倍加爱惜，不久便对鹤说："你本是冲天之物，怎能作耳目玩物呢！"于是将鹤放飞了。所有这些，都与当时玄学名士的行为吻合，所以当时名士也特别喜欢与他交往，尤其喜欢将他与玄谈名流相比较。

支遁在路过余姚坞时，在坞中住了一夜，到第二天早上还在坞中，迟迟不肯离开，有人问他，他回答说："过去谢安多次在此与我会面，现在触景生情，怎能不想呢？"后来支遁病重时，又回到坞中，在东晋废帝太和元年（366）4月去世，终年53岁。死后安葬在坞中，他的墓冢现在还在。

玄学大师以禅学作诗

玄学，中国魏晋时期出现的一种崇尚老庄的思潮，一般特指"魏晋玄学"。在魏晋时期，玄学盛行，影响到社会生活的各个方面，自然也影响到佛教。支遁虽出家为僧，但颇具名士风采，擅长草隶，寻山游水，好吟诗文。他开创了玄、佛结合的先河。并以禅学作诗，当时东晋哀帝准他回山时，众多名流前来为他送行，可见名士对支遁的倾慕。

玄谈名士对支遁的敬重，当然不仅是因为他的名士风度，更重要的是他的思想和才华。支遁除了作诗写文之外，还写了很多重要的学术著作，如《即色游玄论》《圣不辩知论》《道行旨归》《学道戒》《大小品对比要妙》《逍遥论》等。其著作今天虽然大部分已亡佚，但从仍存的部分文章及残篇看，支遁在佛学、老庄学说方面确实有很高的造诣。

他又是主张顿悟的一个人，由于他主张到第七地生起顿悟，七地以上尚要进修，因此又称为"小顿悟"。

他的集子《隋书·经籍志》著录八卷，加注说；《梁十三卷》；《唐书·艺文志》作十卷。可是到了清初的《读书敏求记》和《述古堂书目》就都作两卷了，可见此书缺佚已久。

支遁认为众生本性不同，只有"至人"，不仅能适天地自然之本性，而且不执着，做到"通览群妙，凝神玄冥，灵虚响应，感通无方"，从而既"无待"又"无己"，可能这就是"逍遥"。玄学本身到东晋已达到了它思想的极限，与佛学相结合，使它有了更好的发展。支遁的影响在当时就产生了巨大影响，这让他在中国思想史、佛教史上有了重要地位。

在魏晋之际，玄学含义是指立言与行事两个方面，并多以立言玄妙、行事雅远为玄远旷达。玄学是研究幽深玄远问题的学说，玄学家又大多是当时的名士。玄学家们用"老庄思想"来注解儒家的《论语》《周易》，对已经失去维系人心作用的两汉经学作了改造，建立起了"以无为本"的哲学本体论。儒家的"礼法""名教""人道"等思想，虽然也是玄学所讨论的内容，但其主旨却是道家的，即强调崇高的是"无""自然""无为"。玄学所探讨的中心问题仍可归结为天人关系问题。

（2007年4月发表于《金太仓》杂志"专化专栏"）

郏亶：六得七事治"三江"

小引：郏亶（1038—1103），字正夫，北宋官吏、水利学家。著有《吴门水利书》。他总结前人治水的经验教训，指出以往治水中存在的六处失误，同时认为治水必须"辨地形高下之殊，求古人蓄泄之迹"等"六得"。他的"治田利害七事"，为当朝宰相王安石赏识和采纳。被誉为"吴中水利先驱"。

宋成吴门水利

太仓新浏河风光带是一条城区主要景观带，它沿着五级航道新浏河两岸而建，气势恢宏，风格独特，如今是集文化与生态于一体，连接老城区与南郊新城的黄金带。新浏河南岸的海运堤融自然景观与人文景观为一体，是太仓市民日常休闲的好去处。翻看旧时太仓地区地图，不难发现在现有行政区未划定之前，上海与太仓是以这条旧时的浏河来划分的，河南岸为上海界，河北岸为苏州太仓界。此条航道后经重修才有了现在的"苏浏线"，居住在太仓的人，都以自己是娄江之子而骄傲。

现在的新浏河，在唐宋以前称娄江，是太湖的三大泄水通道之一，西起苏州娄门，东至昆山、太仓交界的草芦村，下接浏河。而太仓位于整条娄江的东面，古称娄东。这条娄江流经虎丘、吴中、跨塘、昆山，全长53.13公里。这是苏州市腹部一条重要的引排调节河道，两岸支流港浦众多，水网发达。

"三江"，分指娄江、东江、松江。据说，只要三江畅通安定，太湖流域自然平安无事。在西晋以前，这些河道十分宽阔，也是太湖下游主要出水口。唐宋以后，由于长江三角洲的下沉以及泥沙在河口地带大量堆积，原来宣泄太湖水入海的"三江"，在海潮的倒灌下，东江和娄江相继淤塞，吴淞江也日趋狭小，堵塞了太湖水的入海去路。于是经常发生泛滥，使太湖中部平原洼地沼泽化。不仅太湖本身水体面积扩大，并在其东、北部先后形成了大小零星的湖泊，北宋郏侨的《水利书》中记载的淀山湖，就是在东江淹没以后形成的。

苏州与昆山之间的阳澄湖则与娄江的淹塞有关。这就是说，"三江"的淤塞与阻滞，使太湖的面积扩大，并在其尾闾一带出现了湖泊广布的局面。在宋元及其以后，是太湖水患最为肆虐的时期，对"三江"的治理也越来越频繁，由此也出现了一批体恤民情、专于治水的官吏。他们或著书立说，或上请朝廷，开议堂施政计，精心组织太湖水系的整治。

北宋的司农寺丞郏亶和其儿子郏侨，根据太湖水域历史经验，精心撰写了《吴门水利书》四卷，提出以疏泄为主的治水思想，总结了"六得""七治"的治水之策，对后世太湖治理影响很大。当时，担任杭州知州的苏轼对《吴中水利书》也颇为赞赏。

父子治水无惧罢官

出生于太仓的郏亶，从小生活在苏州的江南水乡中，长大后又常跋涉野外，考察和研究农田水利，深究古人治水之迹，对于太湖流域的水利，他胸中早已有丘壑。北宋嘉祐二年（1057），郏亶考中进士。1070年，也就是北宋熙宁三年，北宋朝廷诏书天下，征集理财省费、兴利除弊的良策。当时形成了"四方争议水利"的局面，这正好给郏亶提供了展示自己的机会。

北宋中期，司农寺基本上是一个闲散的机构，没有什么权力。但是从1070年至1082年期间，由于王安石变法，司农寺作为中央政务机构，发挥了重要作用。王安石变法的主要内容，如青苗法、农田水利法、免役法、保甲法等，都是由司农寺制定或执行的。

司农寺的编制逐年扩大，郏亶正是在属官"扩编"中，担任了司农寺丞一职。经过长时间的实践后，郏亶将自己深思熟虑的想法进行总结，向朝廷上书了治理苏州水田的建议，并且提出了一系列治水主张。郏亶总结前人治水的经验和教训，指出以往治水中存在的六处失误，并总结出治水必须"辨地形高下之殊，求古人蓄泄之迹"等"六得"。后来，他又提出"治田利害大概"等"七治"。他认为吴淞江两岸是河网密布的水乡泽国，两岸共有十八个大浦，至于小浦小河更是多得难以尽述，可谓港汊纵横，横塘纵浦，要治理必须先畅通河道。

郑肇的治水建议遭到了部分官员的反对,他由此丢官归家。那是北宋熙宁五年(1072),郑肇提举兴修两浙水利。一些地方官吏豪绅担心自己的利益在兴修水利过程中受到损害,于是四处散布谣言,诬陷郑肇治水劳民伤财。第二年,郑肇被无奈地罢免了官职。然而,他坚信自己的主张是切实可行的,是利国利民的。他被罢官回到太仓后,在自家住宅西面一块名叫"大泗瀼"的水田上,大胆实践治水理论。当年,他的试验田就获得了很好的收成。为了广泛推广自己的研究成果,他再次向朝廷上书重申自己的主张。朝廷派官员考察他的试验田,被事实所折服,终于恢复了他的司农寺丞职务。

郑肇的儿子郑侨也对治理太湖进行了深入研究,著有《郑侨水利书》,广泛论述了苏州近邻数郡地形、水系的特点和差异性,分析太湖流域平江五县湖泊的特点。他在书中认为,水灾是因前代堤防堰闸尽坏,不能分水排流所致。他主张在河口设置堰闸,以防潮水倒灌和泥沙淤积,在一些湖泊筑堤蓄水,以防旱涝等。

郑侨在治洪问题上,认同父亲引导太湖上游来水分路,泄入长江、钱塘江,以减轻太湖洪水压力;在吴江塘路多置桥梁,畅通太湖洪水出路;修筑吴淞江两岸堤塘,以吴淞江为太湖洪水宣泄专道。他主张分片处理地区涝水,欲决常州、润州之水,则莫若决无锡之五泄堰,使水趋于扬子江;欲决苏州、湖州之水,莫若开昆山之茜泾浦,使水东入大海,开昆山之新安浦、顾浦,使水南入松江,开常熟之浒浦、梅李浦,使水北入扬子江;于秀州治华亭、海盐诸港浦,疏导积潦。这个大中小结合的治水方针,发展了太湖地区治水理论。

郑肇墓与维新遗址

郑肇的治水经历和治水方法对历朝历代甚至今日仍有深远的影响。他为了治水,不辞辛劳,实地考察了260多条河流,同时结合太湖地区治水的历史,并结合自己治水的亲身体会和设想,撰写了《吴门水利书》,其中《苏州水利六失六得》和《治田利害七事》两篇保留至今。他从地域差异和地形特点对苏南水利予以分析,论述精辟,科学性强。他还绘制许多水利图,为后人治理吴中水利提供了重要依据。

他的墓在今太仓公园内。清同治七年(1868)知州蒯德模厘正墓道,构筑墓门,重建郑司农寺祠墓,后又废,现墓侧的土墩即为原墓所在地,其上的植有榉树、黄杨、冬青、槐树、剑麻、枣树等，长得生气勃勃。土墩边上的郏亶墓为1993年8月建造的，松柏环抱，幽静而庄严。墓前有一石亭，亭内重建郏司农祠记碑，是1868年构筑墓门时所立。

经考证，郏亶的故里在双凤，当时郏亶居所西边的大泗瀼位于双凤境内。大泗瀼即今名大漳泗，位于双凤镇杨林塘南面原民乐大队境内（现属新湖村域内），因方言与书写误差及年代久远，致大泗瀼演变为大漳泗。大漳泗面积有40余亩，四面高中间低。其西面有小漳泗，面积20余亩，盆地地形。因地势低洼，原来只能种一熟水稻，还常遭水灾而歉收，百姓称"赤虾田"。为根除水患，1974年，水利部门在该地建了一座排灌站。

2003年5月，因基建取土在双凤维新村境内挖到一明代古墓，在清理墓葬时意外发现厚达一米多的红烧土和印纹陶罐，经一个多月的发掘，在此处及周边地块发现砺石、石箭镞、鼎足、圈足盘等器物残片，经考古专家鉴定，确定为良渚文化和马桥文化遗存。为保护这一珍贵文化遗产，2006年，太仓市政府在此建造了太仓维新遗址陈列馆。

笔者推测，该遗址有可能为郏亶后裔之墓。又因年代久远，无文字可考，故难以确定。根据记载，"宋司农后裔郏鼎，其曾祖父名王族，出赘于双凤里刘氏，始为里人。郏鼎三岁丧父，他聪明俊秀，勤奋读书，成进士后观政于工部，后拜官嘉定知州，继改茶陵知州，又提拔为工部都水员外转营缮郎中，后升为浙江右参议，未满年，罢官回家，开辟樊春圃私家园林。郏鼎，明嘉靖元年进士。现双凤原凤东村的郏姓百姓为郏鼎后裔"。当时的郏家坟规模不凡，郏鼎祖上郏亶有利于三吴地区水利，郏亶专祠因时久而废，他请求当局将祠修复，且一贯代表郏家子孙奉行祭祠之事。郏氏即为古双凤的"郏唐周顾"四大名门望族之一。

如今，太仓实施了长江江堤加固、饮用水达标、农田基础设施建设等一系列水利实事工程，治水能力不断提高。太仓水域面积257平方公里，其中长江水域面积144平方公里，内陆水域面积113平方公里。区域性河道4条，分别为东西向的浏河、杨林塘、七浦塘通江三大塘及南北向的盐铁塘。水利部门正以"防洪减灾体系、水资源保障体系、水生态保护体系、供排水服务体系、农村水利工程体系、水行政服务体系"为水利综合保障体系进行建设，确保全市经济社会发展和现代化建设。

(2015年12月发表于《金太仓》杂志"专化专栏")

伯颜：开辟海运的"六国码头"

小引：伯颜（1236—1295），蒙古八邻部人，元朝大将。元至元十三年（1276）正月，其率兵南下，直捣临安大获全胜后，元朝定都燕京改称大都。当时为解决南粮北运至燕京和北方地区粮食供应的问题，元世祖忽必烈采纳伯颜的进言，命上海总管罗璧及降元海盗朱清、张瑄以太仓刘家港为起点港，创开海运，于是太仓迅速崛起而有"六国码头""天下第一码头"之称。

古船见证700年漕运

前段时间，南京博物院考古人员在太仓城厢镇万丰段的大半泾河发现了一艘木质古船。当时正在进行河道清淤工程，施工中发现一艘18米长的古船，其船身保存较为完整。据专家推测该船最晚不超过元代。目前古船已整体迁移，有望进入博物馆展示。这艘古船长18米，宽5米，在古代相当于一艘中型船只，这是江苏省内近年来发现的最大一艘古代船舶。古船的船身结构，前部呈现V字形，后半部分平缓变成了U形，是典型的江浙船，当时此类船一般在近海区域活动。

根据这个V字造型，考古人员与船舶史学家初步认定，这艘船年份至少有700多年，可追溯到元朝。而元朝正是太仓作为"六国码头"，成为漕运的中心，走向繁荣的时候。太仓，就是"天下粮仓"的意思。元代时，大运河有一段成了淤河，南方的物资没法送往北方，所以就利用海运，将南方的粮食和盐源源不断地运往元大都。据推测，这艘古船应该就是近海货船中的一只。

经过清理，古船的主体船身依旧保持完好。据考察这艘船不是沉船，而是一艘"弃船"，也就是在当时就报废的船只。因为，船只的桅杆、舵杆这些可以再重复利用的部件，都不见踪影，可能在当时就被人为拆卸下来，而且船只发现的位置也是出现在废弃的河道之中。即使如此，因为时代久、体量大，这艘古船的历史价值非常高。

元代的太仓港建立起了海外贸易关系，进行瓷器、丝绸、茶叶等海上贸易，当时从刘家港口到太仓南门外张泾关一线，筑起了长达三十里的长堤码头，时有"六国码头"之称。据史书描述，站在江堤向东望去，江面上商船云集，桅樯林立。岸边则店铺众多，街市繁华，尽显"天下第一码头"、东南贸易大港的盛况。当地博物馆展示的"六国码头"模拟场景，是太仓历史上最为繁盛时期的生动再现，描绘了元代海运的开发和海外贸易的发展以及太仓港口海运的一派繁荣景象。

善于治军的伯颜

漕粮海运始于元世祖至元十九年（1282）。元世祖忽必烈采纳伯颜的建议，由官军船队押运，从海道运送漕粮到燕京。伯颜善作诗文，是元代著名的政治家、军事家。统二十万大军伐宋，如统一人。他智略过人，深明大义，用兵筹谋，出神入化。在带兵、用兵、治军方面都有值得兵家称道之处。

伯颜出身于蒙古族贵族家庭。祖父和叔祖父都是辅佐成吉思汗立国的功臣。伯颜的父亲晓古台，袭父职，成为蒙古朝廷的重臣。伯颜在这样的名门望族里，从小受到良好的教育，认真学习过蒙、汉及周边国家的文化。这些为伯颜后来成为一个出色的政治家打下了良好的基础。伯颜十几岁的时候，就随父亲一起征战欧亚。他亲身经历过异常激烈残酷的战争，并且在父亲的教诲下，研读兵书，提高军事理论修养。这为伯颜后来成为杰出的军事统帅创造了条件。

伯颜父子随宗王旭烈征服了里海西南部和地中海东部地区，在那里建立起了伊儿汗国。之后伯颜留在伊儿汗国帮助旭烈王处理政事。1264年，伯颜奉旭烈王之命入朝奏事。元世祖忽必烈见伯颜相貌堂堂，举止大方，与伯颜当堂对话，发现他学识高深、才智过人且知识渊博，便下令留下来辅佐当朝。从此，伯颜被忽必烈留在元朝廷任事，每有大事，忽必烈总是召伯颜来商议，伯颜言语不多，但每次三言两语就能说中要害。出谋划策也不争先发言，而是待其他大臣说完他才开口，话一出口就比别人的意见高明，因此，元世祖忽必烈把伯颜视为心腹。

在留用朝廷的第二年，伯颜就被任用为光禄大夫、中书左丞相。伯颜此后长期任元朝重臣和军事统帅，他任丞相，政令开明；任统帅，战无不胜，是忽必烈深为倚重的亲信大臣。伯颜处理事情，从不急于动手，而是先找到问题的症结，再做出决定。伯颜无论是在治军思想还是在个人修养方面，都很值得称道。他体恤将士辛苦，尽一切可能解决他们的生活困难。1285年，伯颜奉命接替阿只吉指挥西北边关的平叛部队。当时正值秋天，无战事，伯颜就命将士采集"蒫怯叶"和"蓿敦根"，每人四斛，必须完成。将士们虽然不理解，但还是认真完成了。数月之后，进入隆冬，天降大雪，交通不便，就是靠这些东西，将士们熬过了饥寒。

伯颜盛极而衰

伯颜带兵四处征战，有了功劳总是推给别人，跟随他作战的将领，即使是有一点功劳他也会上报。对每一个人的功劳他都详细记录下来，使他们及时得到该得的奖赏，而对自己的功劳却从来不提。在元成宗铁穆耳奖励他时，他还把自己的功劳推到手下将领以及一起征战的他人身上。相反，军中有了过失，他总是自己站出来承担责任。

当权久了，伯颜不免暴露出所有权臣的通病，那就是"专权自恣"，很多重要事情都不跟元成宗铁穆耳商量就自作主张执行了。他出门时，诸卫精兵前呼后拥。而相比之下，当时元成宗铁穆耳出行时的仪仗卫队就"落落如晨星"寒酸得多了。伯颜势焰最盛时，天下之人只知有伯颜，不知有元成宗铁穆耳，这让元成宗铁穆耳对伯颜疑惧起来。

伯颜是个观念保守的蒙古贵族，掌权不久，即力主排斥儒生，废除科举制。这样一来，省院台的官员都必须出自他的门下，而天下的贡赋也大都进了他的私囊。民间不断爆发造反事件，为了加强统治，伯颜下令严禁汉人、南人、"高丽"人私造、私藏兵器和喂养马匹。他信奉西番师婆，向师婆询问自己的命运，得知他将死在南人之手，伯颜就提出一个可怕的计划，请求杀光张、王、刘、李、赵五姓汉人，因为这五姓人最多，杀掉他们就可以杜绝祸患。幸好元成宗铁穆耳没有这么愚蠢，未听从他的计划。

元成宗铁穆耳下诏，任伯颜为大丞相，并加尊号"元德上辅"，但事实上,他对伯颜已积攒了一肚子的不满,并已物色好下一个可以信赖的人,就是伯颜的侄子脱脱。脱脱幼时养在伯颜府中,两人关系实如父子,但现在脱脱在背后给元成宗铁穆耳出主意对付伯颜,颇有点"弑父"的意思。

一次伯颜领兵到柳林田猎,请元成宗铁穆耳同往,元成宗铁穆耳托病推辞。等他一走,元成宗铁穆耳便连夜升殿,召大臣入见,并起草了指责伯颜罪状的诏书。诏书写成,夜已四鼓,元成宗铁穆耳命人马上持诏前往柳林,宣布贬伯颜为河南行省左丞相。

伯颜闻讯大出意外,十分惶恐,派人来城下询问缘故。脱脱在城门上大声宣布,元成宗铁穆耳下旨贬黜伯颜一个人,诸从官无罪。一听这话,伯颜所领的诸卫兵一哄而散。伯颜见大势已去,又奏乞陛辞,想当面见元成宗铁穆耳,试图挽回局势。但元成宗铁穆耳不答应,令他赶紧上路。随后,元成宗铁穆耳再次下诏,将伯颜贬徙南恩州阳春县安置。权倾一时的伯颜就这样凄凉地病死在去往南方的路上。

元朝成就了海运

元朝初期的财政税赋主要依靠经济发达的江南地区。为解决巨额军饷、官俸及宫廷靡费,需将南方粮食北运。其时北运河不通。至元十九年(1282)伯颜决定海运漕粮。1273年,崇明姚沙人朱清和张瑄背叛南宋降元,成为元水军的重要力量,朱清被授予代理管军千户的武职。朱清贩私盐为海盗,风里来雨里去,对海路、风向、潮汐十分熟悉,十分了解海上情况。

当时两人立即被伯颜招安,被元朝廷派了大用。当年漕运北京的粮食迟迟未到,焦急万分的伯颜由此想起曾命朱清、张瑄经海道搬运宋室库藏并获成功一事。伯颜决定由海道运送粮食,并上报忽必烈。忽必烈权衡利弊得失,采纳了丞相伯颜的建议,并任命朱清、张瑄为海道运粮万户。

1282年,60艘海上平底船建造完毕,在朱清和张瑄的主持下,由太仓浏河装粮出发,沿着漫长的海岸线一直北上,整个航程历时四个多月,于1283年3月到达燕京。1283年后,朝廷建造的漕船全部投入海运,年运量达到了159万石。当时有诗"国初海运自朱张,百万楼船渡大洋",就是形容海上运粮的盛景。

五年后,朱清、张瑄疏浚娄江后,两人移居太仓刘家港。这个当初默默无闻的小村庄，成了繁忙的港口，同时，朱清还置办大批海船，与东南亚各国通商，刘家港成为盛极一时的港口。

朱清劳苦而功高，深得朝廷器重，屡屡升迁，历任昭勇将军、海运都漕运万户、资善大夫、江南行省左丞、户部尚书，又赐给钞版，允许其自印宝钞，富贵显赫，为江南之冠。其子女、族人、家奴被封为百户、千户、万户者有百余名。人高于众，谗必随之。好在元世祖洞察其奸，称朱清大有勋劳于朝廷，保护了这位功臣。

元成宗继位后，朱清就没有那么幸运了。1302年，江南僧人石祖进告发朱清，成宗信以为真，翌年正月，旨命将朱清及其妻逮捕入京，查封其家产，没收其军器船舶，子孙流放漠北。朱清愤而以头撞石，自杀身亡。但海运并没有因此而受到影响。

从西汉到宋朝，历代政府都将各地征收的粮食经由黄河或汴河等河道运往京城所在地，以供官俸、兵饷、宫廷开销，称为"河运"。元朝初期，因运河壅塞，世祖忽必烈改变了漕粮运输渠道，开辟了海上运输航线，这是"海运"的先河。元代海运，明人笔记多有记述。

海上运输要经历惊涛骇浪，且有盗贼横行、漕米霉湿等客观上的困难，加上商船雇价、仓吏勒索等问题，漕粮海运弊端渐现。到了明成祖朱棣时期，他从南京迁都北京后，便加宽元代运河和江淮一带水道，南北河运渠道得到疏通，永乐年间，漕粮改由官军沿南北大运河运至京城，漕粮海运就此结束。

昔日的刘家港，今日的太仓港，面对辽阔的长江江面，江深水阔，万斛之舟可停泊的港湾在此，起锚不久便可驶入东海。当年的太仓刘家港就在长江口，紧贴着海岸线，具有衔接江海的独特地理位置，是元明时期中国最大的港口，有"六国码头"和"天下第一码头"之称。

（2017年8月发表于《金太仓》杂志"专化专栏"）

赵孟頫：千情墨宝在"墨妙"

小引：赵孟頫（1254—1322），字子昂，汉族，号松雪道人，又号水晶宫道人、鸥波，中年曾署孟俯。一块残碑，两生往事。知者为之心酸，不知者为之何求。那一纸的隽永，从上一个千年流传至这一个千年，它的身事早已模糊，没有答案的真相已如烟波而去。怎得后世痴迷者，依旧执着，用今世的笔，书写前世浓情。清风消散，水涧长流，娄东文脉不枯竭。

赵孟頫归去来兮

"归去来兮，田园将芜胡不归？既自以心为形役，奚惆怅而独悲？悟已往之不谏，知来者之可追。"——陶渊明。

冬日将尽，小雪花刚在娄城飘扬，还未等积成雪景，便被初春的小雨给淋了个音讯全无。在寒意未消的雨季中漫步略觉春意绵绵，打一把雨伞在周末的下午来到新东街的王锡爵故居。也许是每天都会经过，所以对于里面摆放的几件宝贝就自然地视而不见。若不是听朋友点拨此处有元代书法家赵孟頫真迹石碑，也不会特此前往观摩。在院中的东西两座亭中，各放置着两块石碑，一块为《归去来辞》，另一块为《送李愿归盘谷序》，为什么赵孟頫的两幅真迹会在太仓，这引起了我对娄城历史的好奇，便展开了一番寻根问底。

东晋安帝义熙元年（405），虽任官13年，但仅做了80多天彭泽令的陶渊明，因厌恶当时黑暗的政治社会，而解绶去职，一心想要归隐田园。在急切归家的途中写下《归去来兮辞》，道出他内心对与自然和谐相处的山水田园生活的向往。至此山水田园诗境中的生活，便成了古代持高远理想和志趣的文人们的不懈追求。在元大德元年（1297），宋太祖赵匡胤的第11世孙赵孟頫在元朝辞官时写下了《归去来辞》，其心境亦是与陶渊明感同身受。

赵孟頫因受时局动荡一生都在纠结中生活，他亲历宋元之变，在仕途与归隐中常令他选择两难。赵孟頫虽为贵胄，但生不逢时，少年时南宋王朝已如大厦将倾，他亦在坎坷忧患中度过。他的父亲赵与告曾任宋朝的户部侍郎兼知临安府浙西安抚使，能作一手好诗，并喜欢收藏。受到父亲的艺术熏陶，赵孟頫5岁习字，年少时便能"妙悟八法，留神古雅"，他在书法方面特别研习钟繇及王羲之诸家。

也许，关起门来只读圣贤书是对社会的一种间接逃避，但研习先人的著作令赵孟頫颇受启迪。他的文章冠绝时流，又旁通佛家、老子之学。其绘画，山水取法董源、李成；人物、鞍马，师法李公麟和唐人；工墨竹、花鸟，皆以笔墨圆润苍秀见长，以飞白法画石，运用书法的方式写竹。赵孟頫力主变革南宋院体格调，自谓"作画贵有古意，若无古意，虽工无益"，遥追五代、北宋法度。赵孟頫开创了元代新画风。

宋被元灭后，赵孟頫归隐故乡闲居。当时元世祖赞赏赵孟頫的才学，召其出任四品集贤直学士，晚年晋升为翰林学士承旨、荣禄大夫，官居从一品，贵倾朝野，但赵孟頫以宋室后裔而入元为官，依然受摆布而不得施展抱负，常因自惭而心情郁闷，故潜心于书画以自遣。他的这一切，在其聪慧善画的夫人管道升面前被洞察秋毫，她常劝赵孟頫归隐。她曾劝说赵孟頫，"人生贵极是王侯，浮名浮利不自由。争得似，一扁舟，吟风弄月归去休"。

不知管道升与赵孟頫两位旷世才人结成伉俪是一见钟情，还是相互倾慕。他们一生中相互学习、相互促进，双方在自己的书画领域既能各自独立，又能相得益彰。特别是在"女子无才便是德"的封建偏见文化下，管夫人不仅上侍公婆，下教子女，还博学多才，曾手书《金刚经》等数十卷，笔意清绝，颇有韵味。管道升以墨竹见长，兼工山水、佛像。其笔下之竹，劲挺有骨兼具秀丽之姿，写有墨竹图《璇玑图诗》，五色相间，笔法工绝。她始创的晴竹新篁，悬雀朱竹一枝，名靡时世。

元延祐五年（1318），刚上任翰林学士两年的赵孟頫因夫人生病，而多次请求辞官归乡。直到第二年的四月，才被准许他送其夫人南归。在归途中写下《归去来辞》与《送李愿归盘谷序》赠予弟子顾信。五月中旬，途经山东临清时，管夫人脚疾发作，竟病逝于舟中。相濡以沫的管夫人撒手西去，给了赵孟頫很大的打击，他悲痛万分，也因此彻底看破官场的虚名。由于丧偶，加上长途跋涉和操理丧事，赵孟頫的健康状况急剧下降。晚年，赵孟頫倾心于佛、道之旨，以书写经文为乐，并写下许多书画作品和题跋。他觉得人谁无死，如空华然，因而选择在平淡中度过光阴。

赵孟頫的弟子众多，其中唐棣、商琦、王渊、王蒙、顾信都深受其影响，乃至元末的黄公望、倪瓒等也在不同程度上对他的才学进行继承和发扬。他认为，"学书有二，一曰笔法，二曰字形。笔法弗精，虽善犹恶；字形弗妙，虽熟犹生。学书能解此，始可以语书也"。在临写古人法帖上很有追求，"昔人得古刻数行，专心而学之，便可名世。况兰亭是右军得意书，学之不已，何患不过人耶"。

他传世书法墨迹众多，有《洛神赋》《玄妙观重修三门记》《兰亭十一跋》（独孤本）《四体千字文》《乐善堂帖》《淮云院记》等。他在《淮云院记》中写道："顾为淮海崇明之钜族，其上世曰德者至元辛卯来居吴之太仓，庚子，命诸子营菟裘以老，久乃得之古塘之后泾，泾之北清旷平远，绵亘百里，东临沧江。"

茜泾筑起玉山草堂

"吾太仓固昆山分也，当至正之季，顾仲瑛筑玉山草堂，招诸名士唱和，而卢昭、熊梦祥、秦约、文质、袁华十数君子所居在鸦村鹤市之间。"

顾仲瑛是顾信之子，生平喜欢与朋友游山玩水，特别爱饮酒和赋诗，生活过得优腴闲适。他创作的诗歌多是抒写闲情逸致之作，其《玉山草堂雅集》是一部规模较大、历时长久、创作诗文较多的雅集。顾仲瑛16岁就打理家财，由于非常会做生意，没几年就成为江南著名的大富商。但是他并没有自满于财富，而是倾慕孟尝君的为人，年轻时就轻财结客，30岁时开始学习读书。对古代人来讲，30岁开始读书不可想象，但是他敢于突破年龄的障碍，其好友袁华评价他能做到"长日看书"，难能可贵。

由于刻苦勤奋，博览群书，顾仲瑛很快就学有所成，可以称得上是"大器晚成"。后来，顾仲瑛还曾被举荐为茂才、会稽教谕、行省属官等职，他都推辞了。40岁时，顾仲瑛把全部家产托付给了儿子管理，开始沿七浦塘建造私家园林，建有数十处的楼台亭馆，如玉山草堂、东亭、平乐村，以及金粟庵、萃亭馆、不二堂、湖光山色楼等，由这些景点组成的园林统称为"玉山佳处"。其中，玉山草堂是顾仲瑛玉山雅集的主会场，从元至正八年（1348）到二十年（1360）的近13年间，玉山草堂共举办了30多次集会。当时玉山草堂的座上客大多是元代颇负盛名的文人雅士。

《茜泾纪略》中有关于"玉山草堂"的记述:"元末顾仲瑛居,号金粟道人,有诗集行世。仲瑛素豪华结纳,所构亭穷极工丽,有蓬莱馆、百花坊、苍茛阁诸胜,其故址在今茜泾西门外四里许。国初里人顾仲瑛所居,今又废。"清代翁同龢在题顾仲瑛自像中写道:顾仲瑛署会稽教谕,筑玉山草堂于茜泾之上,极园亭声伎之乐,与高人俊流赋诗萃为一集《草堂雅集》。明代文人刘凤记有"英筑馆茜泾西,日夜与客取酒,其所交若张翥、杨维桢、柯九思……"

顾仲瑛不仅为人豪爽,而且文采风流,倾动一时。玉山雅集从内容到形式以必有名士、必有醇酒、必有美姬、必有良辰、必有好景、必有佳题、必有诗咏、必有汇集、必有不朽为九个必有为具。王世贞在《弇州山人四部稿》中记述当时的商贾,要么转修诗书,儒商并行;要么纵情享受,畅舒心志。

元朝末年,天下纷乱,顾仲瑛尽散家财,削发在家为僧。顾仲瑛家中藏书宏富,藏书室之一有他父亲顾信(字善夫)留下的"芝云堂",赵孟頫为之题写匾额。顾仲英爱好读书,在刚开始读书时,就已经收藏了前代大量书画作品。当然,最有名的藏书室还是"玉山草堂",堂中收藏了大量名著典章、书画秘籍以及金石彝鼎,其"图史之富,冠绝一时"。

"墨妙"亭里亭外

元大德二年(1298),在太仓北门外的古塘,顾仲瑛来到父亲顾信身前修建的淮云寺进行祭奠。这座以顾氏祖籍淮安命名的寺院中珍藏了大书法家赵孟頫所书《归云来辞》《送李愿归盘古序》等石刻。此寺院始建于元延祐五年(1318),原为顾信家宅,后顾家舍宅为寺。顾信号玉山处士,曾任杭州金玉局使,元大德初年(1300)为浙江军器提举,早年好字学游,喜欢书法,在赵孟頫门下学书二十多年,是赵孟頫的好友和学生。

当顾信辞官归故里时,赵孟頫为其临别赠书《归去来辞》与《送李愿归盘谷序》两幅墨宝,一来顾信有慕陶潜之意,解甲归田,《归去来辞》恰为吻合;二来送别既是徒弟又是好友的顾信归娄东,同样也表达当年韩愈送别李愿之意。顾信对恩师赵孟頫临别赠书特别珍爱,如获至宝。到太仓后他即将原本勒石供之,并在淮云寺内造"墨妙亭",妥为保藏。

此亭建成后,赵孟頫曾来太仓游玩,在《淮云院记》中写道:"遂额以淮云间，于教所如其请，顾德捐己产为倡兄建大殿，自造山门，而朱长者邦富捌华，严经阁、香积厨，则正庭为之，不四三年一切皆备。昔也榛莽荒芜，今也丹碧辉耀。见者色然，莫不起敬，真无负获持之令旨矣。"并作诗："南云三十里，见者以为奇。而况于淮云，远被浏水湄。其上耸楼观，丹碧何绚丽。子孙有如云，咸能嗣厥事。老我作是诗，刊之于乐石。庶尔保今名，照应沧江色。"

墨妙亭中曾珍藏一大批书画墨宝，除《归去来辞》《送李愿归盘谷序》外，还有《淮云通上人化缘序》《老子像》《墨兰》《心经》等。顾善夫将墨妙亭中书画珍品刻成《乐善堂帖》，这本现存于国家图书馆的元刻明拓孤本以及流失海外的赵孟頫《淮云院记》原本都是墨妙亭中藏宝。

时过境迁，历史的长河中总会泛起不为人知的浪花。明朝天启年间，阉党魏忠贤专权，一些地方官绅为赢得魏忠贤信任，为之建造生祠，得知太仓有一珍贵的赵孟頫书碑石，可为祠庙增彩，于是下令太仓地方官把赵碑送上去。但太仓民众不愿送碑，又恐触怒魏党，采取了"宁为玉碎，不为瓦全"的办法，将碑石敲断，以残损上报，才得幸免。

淮云寺和墨妙亭也在清咸丰年间相继废毁，独留断碑尚存。1888年，太仓修建孔庙时，移嵌大门壁间，而后断碑又遭失散。及至后来在文物普查时，古碑断片陆续被发现。1983年县政府拨款重建"墨妙亭"，地点位于太仓公园西北隅，原明代文学家张溥故居学山园遗址上，并将古碑断片汇成全碑。现"墨妙亭"三字为本邑丹青大师朱屺瞻手笔。当地耆宿王君麓老先生还撰写了"墨妙建新亭，点缀园林景色；文明耀古园，发扬艺术光辉"的楹联。亭内抱柱楹联为潘景郑撰文，沈抱一所书。

如今，赵孟頫书法石碑作品《归去来辞》和《送李愿归盘谷序》已移入王锡爵故居内陈列。这段鲜为人知的历史又被重新翻启，不管是失去还是追忆，当事者所托之情都化为一纸情愫，融入墨里行间，写出的是晋魏之风，刻成篇的是朱文或白文。此是一种才情还是一种宿缘，使得无数文人逸士为之痴癫，在笔尖书写的是墨宝还是真情？对于追求者也还是个谜。

此去经年，曾经的那些风雨故事已经结束，在它的下一个千年里，是否还有更精彩的故事将为其展开？空中细雨未断，这雨点打在王锡爵故居的院中，滑过一丛芭蕉树，在蕉叶上结成通透欲滴的小水珠。也许，我现在所遇见的人或事，在后人眼里也将是另一个传说。

(2014年2月发表于《金太仓》杂志"专化专栏")

郑和：从太仓开启的航海时代

小引：郑和（1371—1433），明朝太监，云南人，小名三宝，又作三保。一说本姓马。中国明朝航海家、外交家。1405年的7月，在11日这天，大明成祖朱棣命正使郑和、副使王景弘率2.8万士兵，乘"宝船"62艘，从太仓刘家港泛海一路向着爪哇国方向南航，开启了我国的大航海时代。郑和为什么要远航西洋？是弘扬国威、震慑四方？是永乐帝效仿秦始皇，派郑和出海寻找长生之术？是背负寻找朱允炆的使命去远航？还是为了与其他国家进行交换、买卖货物发展当时经济？

主题公园里的郑和

假期，我从上海西路向东15公里，再沿江堤向北一路行驶，江海之风扑面而来。望着烟波浩渺的长江有星星点点的轮船在地平线上缓慢移动，辽阔之感油然而生。心想，住在太仓的人，还要去外地找什么美景？长江的风光俨然让别处风景都失色。我吹着江风，望向江面，一浪又一浪的水花有节奏地拍打着堤岸，想象着"六国码头"从前热火朝天的样子，工人们日夜不停地装卸着远航的物资，并填充着郑和船队的"宝船"。作为郑和下西洋起锚地的太仓，一直以此为豪。

出于地理位置的优势，太仓东枕长江，临东海，地处泽国。古时的刘家港也就是现在的浏河镇，位于娄江与长江交汇处，濒临万里长江的河口，在古代中国海外交通和对外通商贸易中占有重要地位，是元明时期最大的港口之一。周末，我驶车前往太仓的郑和公园，其地离市区30公里左右，从滨江大道至南环路尽头就是总面积近1.22平方公里的郑和公园。

这是一个以郑和为主题的"体验式"的新型综合滨江公园。从主入口的广场进入公园，在扬帆大道两旁各有八根景观灯柱，每根灯柱上都装饰一幅郑和下西洋的浮雕图案，图中有工人造船、物资储备、操场训练、祭拜海神、领诏出海、扬帆起航、出使各国、胜利荣归等场景。

在公园的中央景观区有滨水舞台、大型看台。湖中的音乐喷泉前巍然矗立着郑和铜像，与装饰精美的郑和宝船遥相呼应。公园内整体的建筑风格还原了郑和船队远洋航行的历史文化场景，并融入现代设计理念，有明朝时的马六甲、爪哇、古里、麻林、锡兰南北楼、忽鲁谟斯和麦加等七大风格的建筑，再现了郑和七下西洋所到国家和地区的历史遗风。

整座公园的最主要标志是郑和铜像，其高18米，重50多吨，为国内最大的郑和像。此像中的郑和手执航海图，昂首挺立在长江口其当年七下西洋的起锚地，高大典雅，宏伟凝重。铜像旁边就是复制的郑和二号宝船，宽14.05米，长71.1米，象征1405年7月11日，郑和在太仓首航出海的日子，现每年的7月11日也被定为中国航海节。该船尾部的三层近18米高，桅杆38米高，寓意郑和曾经去过的38个国家和地区。

郑和，一说本姓马，字三保，回族，云南人。他在"靖难之役"中，因战功为明成祖赐郑姓，改名为和。从明永乐三年（1405）至宣德八年（1433），先后率领庞大船队七下西洋，经东南亚、印度洋远航亚非地区，最远到达红海和非洲东海岸，遍及亚、非数十个国家和地区。这七次航行规模之大，人数之多，组织之严密，航海技术之先进，航程之长，不仅显示了明朝国家的强大，也促进了与各国的交往和友谊。

当时太仓作为州县一级的行政建制，经巡抚朱瑄奏准，割昆山、常熟、嘉定三县部分地区立太仓州。在嘉庆《直隶太仓州志》卷二十四中记载："永乐三年，命内官监太监郑和暨王景宏、侯显等，帅师二万七千有奇，海船二百八艘，赍敕谕金帛赍西洋琐里等三十余国，擒海寇陈祖义于三佛齐国。五年回。"乾隆《太仓卫志》中也有记载："永乐十九年，本卫世袭百户费信，字公晓，从中贵郑和等，统军二万七千人使西洋时，锡兰山诸国梗化，剿平之。纪其风土人物，名《星槎胜览》。"

从上述记载可看出，郑和下西洋的举措，在当时也不是毫无阻力的，甚至遭到来自海寇、锡兰山诸国的阻挠，不得不采取武力"剿平之"。关于下西洋的次数，一般都说七次，但康熙《昆山县志》却说是八次，有待后人考证。

浏河的天妃宫

郑和每一次下西洋之前,都要率众到天妃宫祭祀妈祖。根据天妃宫里墙壁所刻碑文记述,"……刘家港之行宫,创造有年,每至于斯,即为葺理。宣德五年冬,复奉使诸番国,舣舟祠下,官军人等,瞻礼勤诚,祀享络绎,神之殿堂,益加修饰,弘胜旧观"。郑和在刘家港驻足较多的是天妃宫。"每至于斯,即为葺理"。这里留下了郑和多次修葺庙宇、建造后殿的事迹。《通蕃事迹之记》记载,郑和于明宣德五年(1430)"复重建咀山小姐之神祠于宫之后,殿堂神像,焕然一新"。刘家港天妃宫在历史上经有始建、移建与扩建三阶段。天妃宫后殿距今已有数百年之久,并由郑和所建。郑和要求船队全体官兵下西洋前都要前往天妃宫瞻礼。

史载天妃宫始建于北宋宣和五年(1123),原址位于现址南侧2公里处娄江入海口北岸"五洋池",名"灵慈宫",占地2亩,供奉妈祖。宫祠为闽浙海商所立,是年恰为妈祖首获敕封之年。1286年,元政府在刘家港设立行泉府司,同年,管军千户朱清奉旨将灵慈宫移建于入海口龙王湾北岸。1289年,灵慈宫冠名"天妃行宫",刘家港遂有"天妃镇"之称。

1342年,因潮汛冲刷导致宫基坍塌,时主管海运漕粮的江浙行省参政燕山图鲁拨款,并得常熟海商刘文明等的捐资,天妃行宫由龙王湾段迁建现址。故世有"天妃宫凡三迁"之说,这在清道光金端表《刘河镇纪略》有详述。郑和修葺天妃宫正殿并建造后殿时,以朝廷名义动用四株楠木作为顶梁之柱,所以固若金汤,岿然屹立。

明崇祯翰林院编修吴梅村年谱载,吴梅村曾因天妃宫住持长老之请,为天妃宫书写募捐化缘文书。清康熙年间,文渊阁大学士王掞在为其父、娄东画派领袖王时敏丁忧期间,修建了天妃宫右侧城隍庙。1834年,也就是清道光十四年时,江苏巡抚林则徐莅临刘家港监督修河道,主持过对天妃宫前后殿的修缮。1911年秋,正殿毁于火灾,后殿幸存。原正殿之方砖、柱础等完整保留于遗址。天妃宫由此成为江南地区最古老、最负盛名、最具独特历史价值的明代建筑遗存,更成为郑和下西洋的重要历史遗迹。

记载七次下西洋经过的《通番事迹碑》立于天妃宫内。此碑以黑色页岩为料,碑额正中篆书"天妃灵应之记",饰以祥云捧日图案,两旁阴文雕刻如意云水纹。碑体边框刻缠枝番莲纹。碑文楷书直下计31行，全文共1177字，详细记载了天妃灵应的故事和三保太监郑和奉使统率远洋船队七次下西洋的时间与经过。郑和七次下西洋，每次从刘家港出海之前都必先率船队官兵把天妃宫修葺一新，在此进香祈求朝拜海神娘娘，祈佑出海平安，场面非常隆重。而每次平安归航时又要至此朝拜谢神，并供奉船模。

周闻的墓志铭

郑和的航海活动一共经历了28年，涉及士卒数万人之众。在这数万人中，有一位百户武官周闻跟随郑和五下西洋，亲眼见证了属于大明帝国的大航海时代。周闻是太仓人，他死后葬于太仓，与妻子留下了两块墓志，墓志铭上有关于郑和下西洋的记述，佐证了那段伟大的历史。去过太仓博物馆参观的人，一定记得在馆中"港"展厅内，有精致的模型和大量出土的实物，其生动再现了太仓曾作为"六国码头"的繁盛之景。在展厅的一角，伫立着两块不起眼的墓志，它们见证了举世瞩目的郑和下西洋的航海壮举。

太仓在20世纪80年代初筹建浏河郑和纪念馆时，得悉太仓北门外曾出土墓志，墓志记载卫武官周闻、文贤等均与郑和下过西洋。其中周闻共往返五次。但因时间的变迁墓志已无明确下落，经过相关工作人员寻访得知：周闻墓志铭在1945年前确被收入当时的图书馆内，而那时图书馆就设在今"弇山园"内。1983年10月，在该公园的"树萱斋"西壁一间堆满木板和杂物的仓库里发现了《周闻墓志》，《周闻墓志》得以重见天日。随后，其妻张氏善香的墓志也从附近的石灰和泥块中露出原貌。

《周闻墓志》全题为《明武略将军太仓卫副千户尚侯声远墓志铭》，碑文用工整正楷小字书写，共计669字；《张氏善香墓志》全题为《明故宜人张氏墓志铭》，共计506字。据此墓志记载，周闻本姓尚，字声远，生于1385年，18岁时调任太仓卫百户，后因跟随郑和下西洋有功，升任副千户。从明永乐七年（1409）到宣德八年（1433）这25年间，他曾五次随同郑和下西洋，于第六次与第七次之间，还参加了一次未达到"西洋"的短途航行。《张氏善香墓志》则记述了周闻下西洋后，夫人张善香操持家务、贤淑勤劳的事迹。

周闻夫妇墓志铭的发现，轰动了国内外学界，它对考证郑和下西洋的往返时间和抵达地点有重要价值，且碑文记载将郑和船队抵达忽鲁谟斯的时间从历来史书所记的第四次提前到了第三次下西洋之时。此外，碑文中记及1421年周闻跟随郑和第四次下西洋"半道取回"，国外有的学者据此认为周闻奉命率领小分队前往美洲。太仓市博物馆内的周闻夫妇墓志铭，既留存了那些激情澎湃的江海记忆，又见证了因帝国衰颓而寂寞的海洋时代，如今从船流不息的现代太仓港上，它们又能展望属于21世纪的"海上丝绸之路"。

麻将起源说

麻将对于国人来说，熟悉不过。逢年过节，朋友小聚，摸两把麻将也是最正常之事。关于麻将甚至还有"十亿人民九亿麻，还有一亿在观察"的说法。关于麻将起源的说法还真是不少，其中有五种说法最为流行。

最主流的麻将起源说法是麻将牌，又称麻雀牌、麻雀儿牌，本是太仓"护粮牌"。据记载，在太仓曾有皇家的大粮仓，常年囤积稻谷，以供"南粮北调"。粮多自然雀患频生，每年因雀患而损失了不少粮食。管理粮仓的官吏为了奖励捕雀护粮者，便以竹制的筹牌记捕雀数目，凭此发放酬金，这就是"护粮牌"的来由。这种筹牌上分别刻着各种符号和数字，既可观赏，又可游戏，也可作兑取奖金的凭证。

当时的这种护粮牌，其玩法、符号和称谓术语无不与捕雀有关。此牌有三种基础花色的名字叫作"万""束""筒"。"筒"即是枪筒，"筒"的图案就是火药枪的横截面，几筒则表示几支火药枪。"索"即"束"，是用细束绳串起来的雀鸟，所以"一索"的图案以鸟代表，几索就是几束鸟，奖金则是按鸟的多少计算的。"万"即是赏钱的单位，几万就是赏钱的数目。

此外"中""白""发"："中"即射中之意，故为红色；"白"即白板，放空炮；"发"即发放赏金，领赏发财。"碰"即"嘭"的枪声。又如成牌叫"和"，"和"与"鹘"谐音，"鹘"是一种捕雀的鹰。除此之外还有"吃""杠"等术语也与捕鸟有关。那么为何又叫作"麻将"呢？在本地方言中，"麻雀儿"和"麻将"读音较近。太仓话的儿话音念打"麻雀儿"自然也就叫成打"麻将"了，雀儿合在一起就变成"将"。

还有一说，郑和下西洋时，船上没有什么娱乐用的设备，船上的将士只能以投掷骰子赌博作为消遣。但是在长久的航海中，将士们厌倦了，经常有将士想家，甚至有试图谋反的，还有试图杀郑和的。为了稳定军心，郑和发明了一种娱乐工具：以纸牌、牙牌、牌九等为基础，用100多块小木片为牌子，以舰队编制，分别刻了1至9"条"，然后又以船上装淡水桶的数量，分别刻了1至9"桶"（筒）。

根据海上的风向，刻了"东""西""南""北"四风，根据一年四季刻了四个花牌，后有一块牌不知道刻什么图案好，就没刻任何东西，这个就是"白板"。传说，第一次玩的时候郑和、副帅、大将军、郑和的夫人四个人一起玩，确定了游戏规则后，全船开始都玩此游戏，船上有一个姓麻的将军，他玩这个游戏得心应手，于是郑和给这个游戏命名"麻大将军牌"，这也是麻雀牌的升级版。

太仓港重现下西洋的辉煌

据《新唐书》记载，当时东南沿海有一条通往东南亚、印度洋北部诸国、红海沿岸、东北非和波斯湾诸国的海上航道，即所谓"广州通海夷道"，这大概是"海上丝绸之路"的最早叫法。"海上丝绸之路"事实上在秦汉时期就早已存在，据《汉书·地理志》所载海上交通线路，当时海船载运各种丝绸进行各国贸易，是为早期的"海上丝绸之路"。早在公元前，中国丝绸的输出便已有东海与南海两条起航线。

中国南方是南岛人种的发源地，南岛人种拥有优秀的航海经验和冒险精神，足迹遍及太平洋和印度洋，史前时代起即开始了向远洋迁徙，马达加斯加、夏威夷、新西兰均有分布，其文化间接影响到印度洋沿岸及其岛屿。秦始皇统一岭南后发展很快。当时的番禺，也就是现在的广州地区已经拥有相当规模、技术水平很高的造船业。

太仓港是郑和下西洋起锚地，国家将其定位于上海国际航运中心的重要组成部分、集装箱干线港、江海联运中转运输港，也是江苏外贸第一大港。明成祖朱棣命郑和从太仓的刘家港起锚，不仅拉开了古代"海上丝绸之路"的序幕，也为太仓港现今的发展奠定了基础。现太仓港已建成万吨级以上泊位30多个，吞吐能力1.25亿吨，400多万标箱，集装箱航线总数已达160多条。它是长江集装箱运输第一大港，长江内河沿线接靠船舶吨位最大、吃水最深的港口，还是全国第一个享受海港待遇的内河港口和"启运港退税"政策试点扩大试运行港口。

太仓港的发展离不开优越的地理位置和政策扶持，也不离开古代海上丝绸之路的拉动和积淀。今日，太仓港已渐成规模，经济地位越发重要，太仓港或将重现郑和下西洋时代的辉煌。

(2016年10月发表于《金太仓》杂志"专化专栏")

陆容：太仓菽园偶拾

小引：陆容（1436—1497）字文量，号式斋，南直隶苏州府太仓（今属江苏）人。他著的《菽园杂记》对明代朝野掌故叙述颇详，而且较少抄袭旧文，论史事、叙掌故、谈韵书、说文字，皆大多为自己的见解，他被明代名臣王鏊称为明朝记事书第一。据说菽园原为他晚年归里和晨耕暮读之所。他一生最喜爱的就是藏书，并根据自己的藏书喜好编了《式斋藏书目录》。祝允明称他才高多识、雅德硕学，购书多异本，还为其作《甘泉陆氏藏书目序》。钱谦益称他："好学，居官手不释卷，家藏数万卷，皆手自雠勘。"在他的建议下，明朝廷割昆山、常熟、嘉定建立了太仓州。

太仓菽园

植物除了有生命以外，我觉得它们能听懂人语。因为，当我站在一片茂密而蔽日的水杉树林中，仿佛可以听到自己的心跳，以及一些它们想要告诉我的声音，只是我无法立即理解那些水杉在风的摇曳里，互相摩擦和轻微点头的含义，我安静地站着，试图分析出它们想要表达的内容。在这里是片相对宁静的地方，让我的思路拥有了开放与闭合的空间，这些高大、茂盛的水杉看起来别样的巍峨，却又是那般的深沉。层层叠叠的树杆遮住了远眺的视线，触目之处皆为规整划一的原始意味。这么多的水杉站在一起是场无法移动的游行，队伍里每棵树都像在呐喊，为了争夺阳光而努力地让自己挤得高高的，以便能更多地捕获从云端偷偷漏出的一点点阳光。

站在唯一能穿过树林的小径上，我偶尔拾得几枝被风雨吹落的叶线形水杉木叶，这种乔木的小枝每小簇的叶子都像一棵水杉树的孩子，它们与我身边的水杉一模一样，主茎笔直而长，两旁羽状的复叶就是树枝，别无旁枝。现虽已至深秋，却依然碧绿，特别是经过前两天秋雨的洗涤，它们更是容光满面。静静地凝视这片水杉林，我确实听到了它们的呢喃，若不是凌驾于它们头顶之上的那股来来往往的车流声，我想它们会变得和普通水杉一样的沉寂。

这里就是我看到的太仓菽园，它坐落于 G15 沿江高速太仓城区出口处，每日迎来送往无数的车辆，看着它们呼啸而过。城市降噪最普遍的做法就是种植树木，采用这种既经济美观又环保的方法，为城市带来一道又一道的隔音墙，特别是当水杉形成群落后，绿色植物围起来一座墙，它的隔音效果较为理想，建造菽园的初衷便是为了弱化高速公路给周边居民带来的噪音。但是，菽园两旁的居民楼却是高层建筑，对于区区三四米高的水杉来说，即便是成木、成林、成森、成为绿墙，水杉的高度还是无法做到完全降噪。

我快速行走于菽园之中，能让人很快忘记在高速公路上来来往往的车辆，因为我的注意力被池塘与绿植构建起的开放公园所吸引。用三步一潭、两步一景来形容一点也不为过，河潭边零星垂钓者，掩映在木芙蓉中，与水景融为一体。在此地，水与水相连，桥与桥相接。它们连接起四座以"香樟""银杏""广玉兰"和"雪松"命名的小岛，岛内水体清新，岛上石头铺成的蜿蜒小路高低起伏，富有变化性，有一种曲径通幽之感。

据说菽园原为明代大臣陆容晚年归里和晨耕暮读之所。古语云："菽者稼最强。古谓之尗，汉谓之豆，今字作菽。菽者，众豆之总名。然大豆曰菽，豆苗曰藿，小豆则曰荅。"照此理解菽园的原意，应为种满豆子的菜园。"菽"与"稻""黍""稷""麦"俗称"五谷"，都是百姓生活中常见的农作物，特别是"菽"，受到人们的偏爱，可以做成豆腐、豆腐丝、腐乳、豆浆、豆豉、酱油、素鸡等广为流传的美食。

《菽园杂记》

在明代的娄江之畔，孕育出许多人才。太仓因有太仓港口的交通便利，能更多更快地引进、吸收其他地区的文化，出现了各领域全面繁荣的盛况。王世贞、王世懋两兄弟号称"东海两难"。王锡爵、王衡父子皆廷试第二，称"父子榜眼"，在经学和文学方面留下了不少著作。"娄东两人"张溥、张采在明末朝政腐败、社会危机日趋尖锐的重要关头抗议阉党专权，号召一批文人士子,发扬东林精神,恢复国家正气。陆容和张泰、陆釴是太仓早期的著名文人,著述颇丰,誉为"娄东三凤"。

陆容,字文量,明代学者。他任南京史部主事时,向当朝建议"请割昆山新安、惠安、湖川三乡,常熟双凤乡,嘉定乐智、循义两乡建太仓州,领崇明县隶苏州府"。但直到1487年他过世三年后才得以实现,当时的太仓州是个独立的州县级行政区域建制。其中都靠巡抚都御使朱瑄的鼎力支持,他同样向当朝建议:"臣惟事有便于民者,不嫌于创改;政有益于治者,不惮于更张。"即是说建立太仓州对于军民有六大好处,其中主要的两点是,其一为昆山管辖荡茜泾等处,常熟管辖直塘、双凤、涂松等处,嘉定管辖刘家港等处,均离县较远不便管理;其二为太镇二卫近年官军俸粮俱往别县开支,若立州则粮储充足,有备无患。但太仓州建立后又有人反对,还启奏朝廷要改革太仓州,均未果。

陆容所著的《菽园杂记》对明代朝野掌故叙述颇详,而且较少抄袭旧文,论史事、叙掌故、谈韵书、说文字,皆大多为自己的见解,被他同时代的名臣王鏊称为明朝记事书第一。在《菽园杂记》一书中,我翻阅到众多有关太仓的人、事、方言和风俗的记载和考辨,还读到有关郑和下西洋的记载,梁山伯与祝英台的故事,以及明代浙江的银课数量、盐运情况,等等。其中所记的明代典制、故事多为《明史》所未详,如卷四谈将军之名号,其中有亲王子孙应授官职之名,各边挂印总兵官之名号等非熟悉官制者不能言;卷五记洪武、永乐、成化三朝京营;卷九记成化以前巡抚、总督设置均可以补正史职官制之阙;等等。

《菽园杂记》通行本有《墨海金壶》本、《守山阁丛书》本等。其书中还记载了许多明朝中期手工业生产和民情风俗等方面的材料,如卷十四记勘察五金矿苗和提炼银、铜的方法以及刘田之制青花瓷,龙泉制烧瓷的原料韶粉的情况,卷十三记衢州造纸的方法,皆具体而细致。卷七记"掉包儿""拿殃儿"俗语的来历,"京师有妇女嫁外地为妻妾者,初看时以美者出拜。及临娶,以丑老换之,名为'掉包儿'。有过门信宿,盗其所有者逃去,名曰'拿殃儿'"。又记吴中风俗中的忌讳,船家忌讳"住"和"翻",因而称"箸"为"筷子",称"帆布"为"抹布";民间忌讳"离",因而称"梨子"为"圆果";忌讳"散",因而称"伞"为"竖笠";忌讳说"恼躁",因而称"谢灶"为"谢欢喜",对研究风俗与词语的变迁皆有一定的价值。而有些出自太仓方言的俗语,至今娄东的人们还在沿用。

"娄东三凤"

"风清月白夜窗虚,有女来窥笑读书。欲把琴心通一语,十年前已薄相如。"这是陆容年少时写的一首诗。这首诗是写给一位女子的,这位女子出现在明天顺三年(1459),陆容去南京应试期间。有次他路过一歌艺馆,看到馆内有一名美貌如花的美娟吹得一手好笛子,他为此念念不忘,并时常前去听此女吹笛,并作下诗句。陆容不仅文章写得好,而且风度翩翩。在陆容迁职的时候,他的好友李西涯时为学士,戏语之曰:"先生其知几乎?曷为又入职方也。"陆容应声曰:"太史非附热者,奈何只管翰林耶!"听来就像开了一句不在乎的玩笑般。

太仓有双凤山歌流传至今,山歌的哼唱一般为男女之间不好意思直面示爱,而用唱歌的形式委婉地表达情意。陆容也喜欢唱山歌,他的朋友听到后就问他:"南山脚下一缸油,姊妹两个合梳头。大个梳做盘龙髻,小个梳做羊兰头。"不知何意。陆容竟然答不上来,他凝思苦想一个晚上,第二天才告之其友:"此歌得非言人之所业,本同厥初,惟其心之趋向稍异,则其成就遂有大不同者。作如是观可乎?"原来这首用吴地方言唱出来的山歌,对于不懂吴方言的人来说是无法意会的。陆容朋友大悟:"君之颖悟过我矣。作如是观,此山歌第一曲也。"

娄东方言为吴方言语系,陆容还将此方言写进了《菽园杂记》,让太仓本地人读起来分外亲切。书中有一个故事较为典型。说他有次给一位姓陆的好友写了封信,想让他家一位姓张的当差送信。信都写好了,可他迟迟不给这位差人,因为他知道这位姓张的差人送信常常不守时而将事情贻误。最后陆容还是将信交给了张差人,不过这回他说了一句:"惜张给事,闭口常学磨兜坚。"张差人听出了"磨兜坚"的意思是说他办事效率低、浪费时间,心里羞愧难当。

陆容一生最喜爱的就是藏书,并根据自己的藏书喜好编了《式斋藏书目录》。祝允明称陆容才高多识、雅德硕学,购书多异本,还为其作《甘泉陆氏藏书目序》。钱谦益称陆容:"好学,居官手不释卷,家藏数万卷,皆手自雠勘。"陆容自己常说:"焚书只是要人愚,人未愚时国已墟。惟有一人愚不得,又从黄石读兵书。"此题为《焚书坑》，寓意深远。

当时与陆容一起被称为"娄东三凤"的另两位是张泰和陆釴。陆釴在明正德十六年（1521）时为翰林编修，嘉靖初年被贬湖广，转至山东任副使督学政。那时的山东还未有全书写本地的通志，陆釴叹道："周公孔子，百世之师也，六经斯文之祖也，泰山五岳之宗也，此一方文献，而天下古今事备焉，志奚可废。"他立志要编一部完整的山东通志，不幸的是他在编撰完成后，由于劳累过度而去世。陆釴和陆容同样有藏书和爱书的爱好，尽览经史百家，并著有《少石子集》十三卷。

张泰本姓姚，号沧州。幼年时聪敏过人，入太仓卫学为学生。他擅书法，看书只要过目就能领会。其与陆容、陆釴齐名，喜欢写诗，他所作的诗雄健俊逸，是当时"茶陵诗派"的突出人物，其诗名与李东阳并称。"茶陵诗派"以首领李东阳为茶陵人，故称。"茶陵诗派"以图洗涤台阁体单缓冗沓的风气，认为学诗应以唐为师，而效法唐诗则又在于音节、格调和用字。尽管他们作品的思想内容还是比较贫乏并颇多应酬题赠之类，但比台阁体诗要深厚雄浑得多。"茶陵诗派"由于自身仍较萎弱，未能开创诗坛新局面，可是它宗法唐诗的主张，以及师古的创作倾向，成为"前后七子"复古运动的先声。

过农历七月三十风俗

我国自古就有重视风俗的传统，"为政必先究风俗""观风俗，知得失"是历代君主恪守的祖训。风俗是由历史形成的，它对社会成员有非常强烈的行为制约作用。而风俗与节日紧密相连，节日的起源和发展是一个逐渐形成，潜移默化地完善，慢慢渗入社会生活的过程。它和社会的发展一样，是人类社会发展到一定阶段的产物。我国古代的这些节日，大多和天文、历法、数学以及后来划分出的节气有关，这从文献上至少可以追溯到《夏小正》《尚书》，到战国时期，一年中划分的二十四个节气已基本齐备，后来的传统节日全都与这些节气密切相关。

节气为节日的产生提供了前提条件，大部分节日在先秦时期，就已初露端倪，但是其中风俗内容的丰富与流行，还需要漫长的发展过程。最早的风俗活动与原始崇拜有关；神话传奇故事为节日平添了几分浪漫色彩；还有宗教对节日的冲击与影响；一些历史人物被赋予永恒的纪念渗入节日。所有这些，都融合凝聚在节日的内容里，使中国的节日有了深沉的历史感。到汉代，我国主要的传统节日都已经定型，人们常说这些节日起源于汉代，汉代是中国统一后第一个大发展时期，政治经济稳定，科学文化有了很大发展，这对节日的最终形成提供了良好的社会条件。节日发展到唐代，转为娱乐礼仪型，成为真正的佳节良辰。从此，节日变得欢快喜庆、丰富多彩，许多体育、享乐的活动内容出现，并很快成为一种时尚流行开来，这些风俗一直延续发展，经久不衰。

风俗是特定社会文化区域内历代人们共同遵守的行为模式或规范。风俗的多样性，是以习惯上，人们往往将由自然条件的不同而造成的行为规范差异，称为"风"；而将由社会文化的差异所造成的行为规则之不同，称为"俗"。所谓"百里不同风，千里不同俗"，恰当地反映了风俗因地而异的特点。太仓和全国各地一样，一年四季有着丰富的传统时令节日，并且历史悠久，多姿多彩，蕴含着深厚的民族文化底蕴，是太仓民间风俗中的瑰宝。这些节令文化遗产经久不衰，至今仍在广泛流传，反映出人们的道德风尚和宗教观念，寄托了人们对美好生活的愿望和憧憬，它们具有强大的民族精神感召力和亲情的凝聚力，彰显独特的文化魅力。

在太仓，农历七月三十日这天要为"地藏王"过生日，这天也称为"九思香"。据陆容的《菽园杂记》中记述：明初，大局初定，朱元璋微服察访，行至苏州三山街，见一老妪门前一坐榻，即坐片刻。问老妪哪里人。老妪答，苏州本地人。又问张士诚在苏州如何。其答，"大明皇帝军队攻取苏州时，张王自知非真命天子，释全城归附，使苏州百姓免受兵戈之苦，至今感德"。朱元璋听后对朝臣说道，"京师千万人中，却无此老人诚实"。苏州百姓在农历七月三十日这天烧香纪念张士诚，也称"九思香"。

(2016年12月发表于《金太仓》杂志"专化专栏")

毛澄："人瑞状元坊"

小引：毛澄（1461—1523），字宪清，号白斋，晚更号三江，直隶昆山人。毛澄与大学士等人至安陆迎朱厚熜即位，是为明世宗嘉靖皇帝。明世宗想给自己亲生父母立尊号，但毛澄等人坚持"兴献帝不宜加皇号"，抗疏力争，史称"大礼议"。明世宗派太监去见毛澄，向毛澄长跪叩头请求，又贿以重金。毛澄以老病为由，接连上书乞归，都被慰留。

太仓状元

参观过位于太仓的张溥故居的人，一定会对二楼上那一排历代贤士的"名人墙"印象深刻，状元毛澄的名字赫然在列。在元末明初时，毛澄一家从毛家市迁到太仓城内北巷，也称宝积巷。北巷东侧有一个沿河的院落住宅里，该宅大门前有石板路通向北巷街道，周围邻居的房屋比邻而建，这是个毫不显眼的私人宅院。

据记载，这个宅院的围墙上有小窗洞，大门为暗红色，门楣上有"毛宅"二字。门的下方有几方阶梯，显示住宅略高于外面路面，当然可能也有"能高升"之寓意。进门后中间是厅堂，为接客之所，两边是书房，也是当年毛澄读书的地方。后面的房间，主要用于歇息。厅堂的后面是卧房，一边为其子毛昇夫妇的卧室，另一边为其孙毛澄和毛渊兄弟的卧房，后窗可以清晰看到盐铁塘中的船只来往。

宅院后面与盐铁塘之间尚有少许空地，空地上有些许竹丛，还有漫无边际生长着的零零星星的野草。沿河有水桥，方便用水和洗衣物等。两进房屋之间为青石板铺路，庭院里植有花草树木，显得朴素雅致。深秋后在晚风的拂动下，庭院里还会铺上一层金灿灿的落叶。宅院西北不远处是青石桥，每天傍晚毛弼均会在河边散步或走到青石桥上眺望。1460年的秋天，毛澄出生在这里。随着时光的流逝，原毛状元故居在盐铁塘疏浚和沿岸的整修中被拆毁。据考，毛状元的故居就在原"北壕弄小商品市场"之东北角沿河处。

不少文献认为毛澄是昆山人，对此毛澄在为其祖父所写的《大父府君墓志铭》上作了合理的解释，"吾毛氏世为苏之太仓人。太仓旧隶昆邑，近岁始割为州"。毛澄的先祖于元代自河南迁居太仓毛家市，遂著籍。毛澄工书，王世贞国朝名贤遗墨有其迹。著有《毛文简集》。明嘉靖皇帝即位后，与内阁大臣杨廷和、毛澄等因为谁为嘉靖帝宗法意义上的父亲，以及嘉靖皇帝的生父兴献王的尊称问题发生了争执，这个论争持续了三年半。

皇帝身边的讲官

毛澄4岁时，明英宗驾崩。明宪宗登基后为因冤屈而死的于谦等人彻底平反，使得于谦的事迹家喻户晓。于谦的事迹对毛澄影响极大，在家庭的熏陶下，他以于谦为榜样，刻苦学习，少年时即通经义。毛澄于16岁考入太仓卫学，成为家族中的第一位秀才。入学后仍然"清苦力学"，每年考试都被列入优等。1486年参加南京应天乡试，考中举人。

此时因为父亲毛昇过世，毛昇"以子澄累赠资政大夫"，葬太仓城北赵泾畔。按封建礼制，毛澄必须守孝满三年，故明弘治元年（1488）的会试，他没能参加。不过他在守孝期间和之后的几年时间里，不断反思自己在应试举人过程中暴露出来的不足，更加潜心苦读，其学识出现质的飞跃。但他仍不满足，认为学无止境，文无止境，常常把已写好但不满意的文章烧掉，表示了精益求精的决心。有人以为，《红楼梦》的作者似乎在作品中也借用了这一举动。就这样，多年的积淀终于爆发，在明孝宗弘治六年（1493）参加的会试与殿试中，毛澄似有神助，发挥极其出色，力压群贤，被有"一代明君"之誉的明孝宗钦点为癸丑科一甲第一名，即状元，从而成为太仓历史上第一位摘得科考桂冠之人。为此太仓建造"状元坊"两个；后来还为毛澄建"少保坊"，选址在安福桥，即现在的州桥处。其祖父毛弼此时已近90岁，却更显谦卑。他以自己的身教再次告诫毛澄，"在人生得意之时，绝不可自大张扬，更应谦卑为上"。这也成为毛澄后来能全身而退的法宝。

毛澄10岁时父亲去世，80岁的毛弼抚养起幼孙。但据推算，毛澄10岁时毛弼61岁，而毛澄在中举时毛弼为77岁，接近80岁。毛澄高中状元后马上授职修撰，参与编写《明会典》等工作，同时由于其时老家尚清贫，所以虽然在老家祝贺的人络绎不绝，但毛家并未动新建状元府第的脑筋，只是将旧宅粉刷一新，以示庆祝和旧貌换新颜。大门楣上的"毛宅"二字，亦有人建议换成"毛状元府第"，毛弼也没有同意。

毛澄在1500年回太仓时，于太仓镇洋洞庭分秀园留下了题诗石刻。据石刻所记录，"弘治辛酉春暮，澄适饮洞庭分秀山房，同竹庐庞恺、怀春子刘应祥偶辏成七律近体一章。白斋毛澄题"。其诗盛赞洞庭分秀园之美景，"洞庭如画许平分，中有仙翁混鹿群。花倚石栏香暗秀，人眠芳草酒初薰。且从逸事成新句，漫刮苔痕忆旧文。最爱彩衣常舞处，几回花落又生云。"诗为心声，其实也表达出诗人此时心情极为舒畅。当然，毛澄此举，无意中也促成了后来在此建太仓州考试院。但此时，毛澄一是入仕不久，二是谨遵家训，清正廉洁，所以即使在其心情舒畅之时，仍无意在旧居大兴土木。

接着在奸宦刘瑾当权之时，毛澄因为亡母守孝，再次返回故里。在毛弼百岁时，虽然奸宦刘瑾抓住《明会典》中的小毛病将参与编撰者贬官，正在守丧的毛澄亦被降为侍读。但巡抚彭泽仍为毛弼建"人瑞状元坊"，庆贺其百岁人瑞。根据王祖畲主撰的《太仓州志》卷四载，这个"人瑞状元坊"建在宝积巷东。

守丧结束，毛澄返回朝廷后步步高升，1517年进礼部尚书，后加太子太傅。他在尽心尽力为朝廷做事的同时，洁身自好且刚正不阿。特别是在明世宗生父称号问题上引发的"大礼议之争"中，他多次抗争力疏不可，拒绝皇上的贿赂，更令世人惊叹。

建立了"人瑞状元坊"

明清时期，又出现为年高老人树立牌坊的制度。明孝宗弘治年间，太仓州人毛弼百岁时，又因其孙子毛澄于弘治六年（1493）状元及第，官府为毛弼建立了"人瑞状元坊"。在明万历年间，当时程番知府林春泽百岁时，官府为他在家乡福建建"百岁坊"。

清朝时，实行给百岁老人赐匾额制度。据《大清会典事例》卷《礼部·

风教》载，清代凡百岁、五世同堂、亲见七代、夫妇同登耆寿、兄弟同登百岁等，朝廷均以赐匾、赐银建坊的形式给以旌表，称作"建坊悬额"。如1670年规定，命妇孀居寿至百岁者，题明给予"贞寿之门"匾额，建坊银30两。1703年又规定，平民男子年登百岁者，照例给予建坊银，并给"升平人瑞"匾额。老妇寿至百岁，建坊悬额，与命妇同。

1726年规定，年届118岁之人，实为稀有，著于定例，赐银30两外，加增两倍，共赏银90两。嗣后，年至110岁，加一倍赏赐；至120岁者，加两倍赏赐。当时，匾额和牌坊上题写的名目还有"熙朝人瑞""南弧垂彩""再阅古稀""五世同堂"，老妇一般是"贞寿之门"。清乾隆二十七年（1762），山东章丘寿民王欣然103岁，弟弟王瑞然100岁，兄弟同臻百龄，请建坊旌表。乾隆帝题准，王欣然、王瑞然各赏给御缎一匹、银10两，赐予"熙朝双瑞"匾额。

古代朝廷的养老制度虽然不强迫子女对父母行孝，但作为朝廷的一种制度导向，在很大程度上控制和影响着社会上的敬老尊长风气，更影响着普通民众的孝养风俗。112岁的毛弼在太仓故居无疾而终，毛澄亲自为其撰写《大父府君墓志铭》，表达了对祖父的深情厚意。朝廷则下诏赠毛弼为资政大夫、礼部尚书，并赐葬太仓州北赵泾畔。

乡人们则盛赞毛弼是"吴中人瑞有百岁，翁调教子孙有方，优游清高至终身"。后来在清道光七年（1827）人们又为其刻石像，是为整个苏州地区"沧浪亭五百名贤像"之一。1523年2月，毛澄感到身体更加虚弱，旧病愈益严重，恐怕时日无多，遂又坚决要求退休回太仓，叶落归根。明世宗勉强同意。结果归船走到山东兴济，他就病逝了，享年63岁。对于毛澄的病逝，明世宗深表哀悼、惋惜。追赠他为少傅，谥文简，并赐葬太仓。据王祖畲主撰的《太仓州志》卷二《封域下》载，"礼部尚书毛澄墓在北门外盐铁塘东原赐葬"，其墓俗称"状元墓"，具体位置在北门外约三里处。

在太仓故居操办完毛状元的丧事后，毛家子孙就分赴任上，离开了太仓。据说毛澄临终前已预见到"大礼仪之争"的后果，曾叮嘱子孙远离朝廷是非，所以毛氏后人都十分低调，虽然淡出了官场，但尚算平安。而此时毛家子孙后代也已各自成家，遂将太仓老宅给了别人。

徐祯卿：江南四才子之一

小引：徐祯卿（1479—1511），字昌谷，一字昌国，汉族，吴县人，祖籍常熟梅李镇，后迁居吴县。明代文学家，被人称为"吴中诗冠"，是"吴中四才子"之一，亦称"江南四大才子"之一。因"文章江左家家玉，烟月扬州树树花"之绝句而为人称誉。他天性聪颖，少长文理，人称"家不蓄一书，而无所不通"。早年学文于吴宽，学书法于李应祯。

相貌平平而受欺

徐祯卿出生于明宪宗成化十五年，也就是公元1479年，卒于武宗正德六年，即公元1511年，年仅33岁，为"吴中四才子"中最早过世和享年最短的。十三四岁时，受业常熟邵守斋门下。15岁时，随父"徙家吴县"，故又称其为"吴县人"。徐祯卿家境贫穷，到苏州后受到唐寅器重推荐，加入吴中文化圈，后来又受唐寅接济，入京会试。1505年，其27岁时进士及第，因长相差劲影响仕途，未获馆选。但其诗文为"前七子"之首李梦阳所关注、赏识。随后几年里，徐祯卿先为官京城，为大理左寺副，后外调湖南为纂修，30岁时由湖南返回京城，途中曾往吴中旧地与唐寅等一聚。次年回到京城后，因失囚之罪，贬为国子博士，备受权奸打击，由此疾病缠身。恰逢时在京师的王阳明，将徐祯卿引为知己之交。返京二载余，溘然长逝。王阳明依据徐生前嘱托，作《徐昌国墓志铭》。墓在虎丘西麓，祠在盛家浜。

徐祯卿16岁著《新倩集》。但早年屡试不第，读《离骚》有感，作《叹叹集》；1501年作《江行记》；1503年与文徵明合纂《太湖新录》；1505年闻鞑靼入侵，官兵抗战不力而败，又作长诗《榆台行》。同年中进士，因貌丑，不得入翰林，改授大理左寺副。1510年被贬为国子监博士。徐祯卿后期信仰道教，研习养生。1511年卒于京师，年仅33岁。

"江南四大才子"其实就是"吴中四才子"的演变，是指唐寅、祝枝山、文徵明和徐祯卿四人。电视剧《金装四大才子》中的四大才子是苏州的唐寅、祝枝山、文徵明、周文宾。唐、祝、文三人，历史上确有其人其事。而周文宾乃至"王老虎抢亲"的故事，是文人后来虚构的。历史上的"吴中四才子"，是指唐、祝、文、徐，徐即徐祯卿。徐祯卿是明代文学家，诗作风格清朗，性格与另外三位不同。大概这个缘故，后来文人又杜撰了一位周文宾来凑数。

之所以以貌佳的周文宾代替徐祯卿，还是因为徐祯卿相貌比较丑，最初不受世人注目的缘故。徐祯卿在文学流派上，与李梦阳、何景明、康海、王九思、边贡和王廷相并称为"前七子"，强调文章学习秦汉，古诗推崇汉魏，近体宗法盛唐。王世贞《艺苑卮言》内引有徐祯卿"文章江左家家玉，烟月扬州树树花"之绝句。书法亦是一绝，王世贞称："待诏小楷师二王，精工之甚，惟少尖耳亦有作率更者，少年草师怀素，行笔仿苏、黄、米及《圣教》，晚岁取《圣教》损益之，加以苍老，遂自成家。"徐祯卿著有《迪功集》《迪功外集》《剪胜野闻》《异林》以及文学批判著作《谈艺录》。

学成就号"文雄"

"吴中四才子"中，唐寅、祝枝山、文徵明三人，以画或书法蜚声于世，独徐祯卿以诗歌名满士林。徐祯卿在诗坛占有特殊地位，诗作之多，号称"文雄"。早期诗作近白居易、刘禹锡风格，及第后受李梦阳、何景明、边贡等影响，倡言"文必秦汉、诗必盛唐"，参与文学复古运动。所作《谈艺录》，只论汉魏，六朝以后不屑一顾，阐述重在复古之论。其诗格调高雅，纵横驰骋于汉唐之间，虽刻意复古，但仍不失吴中风流之情。

清人沈德潜编选《明诗别裁集》，"吴中四才子"诗，只收录徐祯卿和文徵明两人，文徵明仅录两首，而徐祯卿诗竟辑录二十三首之多。徐祯卿为"前七子"之一，声誉仅次于李梦阳、何景明。《明诗综》在比较徐与李、何诗歌时曰："李气雄，何才逸，徐情深。"一语中的地指出徐祯卿诗歌的基本特征——"情深"。他虽然与李梦阳同调，但中原习气未深，江左流风犹存，吴中派清丽秀逸的风格仍有保留，较"前七子"其余各家诗作更有自身特点。《明史》用"熔炼精警"四字概括其诗风格。他长于七言近体，绝句尤精，清词逸格，情韵隽永。

徐祯卿所撰诗话《谈艺录》，颇多精辟警策见解，在明代诗话史乃至整个中国古代诗话史中都是屈指可数的精品。且不说"前后七子"及其追随者们对此很推崇，就连以"反复古"自命的钱谦益，也对徐祯卿这篇诗论大加赞赏："专门诗学，究订体裁，上探骚雅，下括高岑，融会折衷，备兹文质，取充栋之草，删百存一，至今海内，奉如圭璧。"现代文学大师钱钟书先生甚至直接将"谈艺录"用作自己的著作之名。徐祯卿作为"吴中诗人之冠"，是当之无愧的。

首先对徐祯卿的籍贯问题提出异议的是明朝后期常熟诗人龚立本，其《松窗快笔》所述，"世人曰昌谷者，率称吴郡，余能私一文人而云邑产哉？但阎秀卿《二科志》、黄鲁曾《故实补遗》亦云尔，两君皆郡人，可以证矣"。龚立本进而明确提出徐祯卿"世居梅李镇"。这里需要略加说明的是，龚立本不满意把徐祯卿只看作吴郡也就是大范围而言之的苏州人，而想要确认其为同乡"邑产"常熟县人，进而提出徐祯卿其实是常熟梅李人。"梅里"照例与"梅李"不是一个地方，前者今为无锡梅村。按《梅李镇志》，梅李旧称梅林等，未曾有过梅里的说法。但从当时沈周的笔记乃至现在一些信函的习惯上，往往将错就错将"梅李"写作"梅里"。此其一。事实上从梅李出土的几处宋代以后的石碑，均题称"梅里"，龚立本所指即常熟梅李镇无疑。

到了清代，常熟人王应奎《柳南随笔》第四卷载："徐博士昌谷，前明成、弘间，与唐解元伯虎，祝京兆希哲，文待诏徵明称吴门四才子，而昌谷实吾邑梅李镇人。"清代常熟梅李人黄炳辰撰《梅林文献小志》明确记载："徐昌谷，字祯卿，梅李人，徙居吴县，与文、祝、唐有吴门四才之称。"王应奎《柳南随笔》一书的权威性和可信度，已为考古学界所肯定。

诗学思想著《谈艺录》

徐祯卿的思想依其生平分为两个时期，其前期对儒、佛、道、文学等兼收并蓄，体现出一种大体符合吴中地域的特征；后期大体可以王阳明所说的"学凡三变"来勾勒其思想的转变轨迹。"末世论"思想是徐祯卿对时代特征的一种概念性把握，也是其思想的一个基础起点，徐氏对文学复古的倡导、一生潜心"玄学"等都与其欲拯救"末世"的意图相关。徐祯卿的思想历程是与整个时代结合在一起的，每一次转变大都体现了其精神结构的转换。从时间来看，徐祯卿是"前七子"典范作家中较早由文学转入道学，又最早转向心学之人。

《谈艺录》是徐祯卿的诗学理论专著，其诗学思想可以概括为在"复古"观念的观照之下，以"情"为核心带动"气""声""辞""韵""思"等诸理论要素的诗论体系。当时的社会政治、思想潮流以及吴中文人的文化复古思潮、感受主义与审美主义的膨胀，均为徐祯卿"主情""复古"观念的产生提供了极有利的环境。"因情立格"说则是徐氏对情感与格调的相互关系所做的探索，为复古派提供了一个学习汉魏古诗的基本途径。

徐祯卿早期的习诗系统为六朝，中唐白居易、刘禹锡，又兼以晚唐，诗歌以"情深"为主要特征，风格哀婉清丽，诗中涌动的"愁绪"及对意象系统的选择形成其感伤化的诗境。

徐祯卿前期诗歌主要是融入吴中一脉，具有很强的吴中地域性，但又有鲜明的个性特征，特别是对"情"的吟咏与张扬在吴中"主意"的诗坛环境中显得尤为突出，同时也成为其入京后加入复古主义阵营的前在因由之一，另一主要因由则是其复古主张。

关于徐祯卿后期诗歌观念的转变问题，本文主张其诗学观念在后期并没有发生大的转变，只是因指导其后期诗歌创作的观念由吴中风习转向复古理论，才导致习诗系统改趋汉、魏，诗歌内容、艺术特征等也发生转变，但同时也保留了前期情深、清丽等特征。可以说徐祯卿的后期诗歌在一定程度上体现了南北文风的交融。

考据徐祯卿为双凤人

考证徐祯卿是太仓双凤人的最重要依据是明嘉靖年间《太仓州志》，作为补充证据的还有同样是嘉靖年间的《太仓文略》，甚至徐祯卿的五律诗《月》（两首其一）中"故园今夜月……哪知隔凤城"的说法。依据古代行政区域设置和《明史·地理志》，"吴郡"只是个已经虚化的古旧概念。苏州为府，太仓为州，常熟为县。从行政系统来讲，常熟县并非太仓州下属。据陈梧桐、彭勇著《明史十讲》，明帝国对疆土的管理分别由"行政"和"军事"两大系统来完成。双凤乡本属常熟，明弘治十年（1497）割属太仓。把双凤割给太仓意在军屯也就是解决军费问题。《明史·地理志》："太仓州，本太仓卫。……十年正月置州于卫城，析昆山、常熟、嘉定三县地益之。"所以说他是苏州人、太仓人、常熟人都成立，因其15岁随父迁当时吴县（今苏州），说他是吴县人也成立。只是说他是"太仓双凤人"和"常熟梅李人"则相互排斥。

在这些文献中，阎起山《吴郡二科志》云："昌谷琴川人，徙定吴县，遂占籍焉。"琴川也即常熟。《吴郡二科志》此书作于明弘治十六年（1503），"文苑"所记唐寅、徐昌谷等五人均健在，故而最为可靠。作为徐祯卿同时期的王阳明《徐昌谷墓志铭》、王鏊《姑苏志》也最权威，还有后来《明史·文苑传》中"徐祯卿"条目为可靠。王阳明为徐祯卿去世前挚友并为后者生前请托作墓志，古人重祖，徐祯卿一定会对王阳明交代身世的，《明史》称徐祯卿是"吴县人"。而《太仓州志·徐祯卿传》所谓"先世自洛来居双凤"全无来由，与《徐昌谷墓志铭》说法有异，使得明嘉靖年间《太仓州志》"徐祯卿"条目的可靠性大打折扣。

以上列举史料为争议各家认可，但在史料的链接和解释上产生分歧。本文做如下"大胆推测"：徐祯卿本来是常熟梅李人，后徙吴县，中进士后列《弘治十八年登科录》，称"徐祯卿贯直隶苏州府太仓州"都没有太大问题。然而后人以为既然徐祯卿既是常熟人又是太仓人且均为信史，而恰好常熟的双凤割给了太仓，那么最合理的推测就是说徐祯卿为双凤人了，由此反推编写出"先世自洛（洛阳）来居双凤"的说法来，这下子反而露出了破绽。明人龚立本以及后来的学者开始质疑，《松窗快笔》认定"世居梅里镇"，这一说法倒与《徐昌谷墓志铭》"昌谷名祯卿，世姑苏人"参证吻合。他的思乡诗《月》中"凤城"应该按照旧书习惯释为皇城，而与双凤无关。"小心求证"于此，虽然驳论有余，结论圆通，材料支持上还是有所欠缺，甚或一厢情愿贻笑大方。但这个时候又有一个可能被忽略的材料给以佐证，那就是《弘治十八年进士登科录》，其中有"徐祯卿，贯直隶苏州府太仓州，军籍"的记载。徐祯卿这个所谓的太仓人，其实是"军籍"，也就是太仓卫的"卫籍"。反推之，认为当年生长于梅李的徐祯卿是太仓人确实也没什么问题。

《太仓州志》乃至太仓文人如王世贞绝口不提常熟两字，在《徐祯卿全集编年校注》收录了王阳明《徐昌谷墓志铭》一文，发现"昌谷名祯卿，世姑苏人"在范先生的收录中漏掉了关键的"世"字,变成"昌谷名祯卿,姑苏人"。

"世姑苏人"的可信度和重要性,这里不再重复。龚立本在其崇祯《常熟县志》的"徐祯卿"条目与嘉靖《太仓州志》对徐祯卿身世说法趋同,但在《松窗快笔》中以十分肯定的口气改了说法。龚立本《松窗快笔》和崇祯《常熟县志》记载不一,在《徐祯卿诗学思想研究》中对徐祯卿的籍贯问题做了存疑处理。有一点可以肯定,徐祯卿出生在一个贫寒的平民家庭,又有不断迁移的经历,所以会身世不明而起争议。从徐祯卿本人的诗文中只找到一个线索,就是他为安葬在虞山上的老师严守斋写过墓志铭,其中称"守斋先生卒之三年……葬于虞山北麓……先生初讳辑,更讳术,世常熟人"。

徐祯卿少年时代生活于常熟东乡一带,梅李与双凤也是同属于常熟东乡的乡镇,路程不算太远。当年梅李为镇、双凤为乡,梅李镇历来据有常熟东乡的核心地位。徐祯卿去苏州定居前跟父母辗转谋生,没有留下实物遗迹,梅李曾有徐祯卿纪念亭一座,毁于明代万历前后。

仇英：《清明上河图》里话心酸

小引：仇英（约1482—1559），字实父，号十洲，汉族，江苏太仓人，后移居吴县。明朝著名画家，画法主要师承赵伯驹和南宋"院体"。他出身工匠，早年为漆工，兼为人彩绘栋宇，后以绘画为生。他是明朝具有代表性的画家之一，与沈周、文徵明、唐寅被后世并称为"明四家""吴门四家"。他曾在著名收藏家、鉴赏家项元汴、周六观家中见识大量古代名作，临摹创作大量精品。他擅长人物、山水、花鸟、楼阁界画，尤擅于临摹。他的创作态度十分认真，一丝不苟，每幅画都严谨周密、刻画入微。他创作的仿本《清明上河图》因精湛的制作工艺和厚重的艺术价值令世人叹为观止。但查遍画史、方志和相关古籍，关于仇英的记载简单到几乎可有可无的地步，甚至连他的出生年月都记录不详。

一幅明代《清明上河图》

太仓自古就人杰地灵，娄江水滋养了一代又一代的艺术家。我在成为"新太仓人"的20年里，对于这座大地上的各种杰出人物，也逐渐有所了解。出于个人爱好，研究了一些名人趣事，渐渐开阔了视野。在太仓博物馆举办的"清坛正宗，娄派遗风——太仓博物馆精选娄东画派高仿作品展"中，我目睹了历代太仓文人的诗词绘画和书法艺术作品，其中给我印象最深刻的是仇英版《清明上河图》。

10米长的画卷被陈列在通透的玻璃橱窗内，从右边门口一直横到左边墙角。这幅以写实为主的风俗画，是仇英采用青绿重彩工笔，描绘了明代苏州平江地区热闹的市井生活以及当时的民俗风情，其中天平山、运河、古城墙，苏州地区标志性建筑皆清晰可辨,整个画卷充满山清水绿的明媚。仇英明本《清明上河图》虽为仿品,但融入了自己的想象与创作,再造了一个比600年前北宋汴京更令人激动的苏州城。画中宋代夯土城墙变成了熟悉的包砖城墙。画面中心的城门,让人联想到苏州城的阊门。深宅大院、高大城墙与鳞次栉比的商铺展现了繁华的景象。

整幅长卷中共出现2012个人物,场面宏大,真实地再现了城郊、城内、宫城在清明时节的不同景象。有荒凉的郊外,也有繁华的闹市;有乡间的草舍茅屋、清静的田间小路,也有布局典雅、华丽的宫城;有达官贵人在宫廷中尽情享乐的场面,也有农夫在田间辛勤劳作的景象。此画虽是摹本,但房屋结构、人物服饰均已明显地呈现明朝的特点,它真实地展示了明代江南一带经济、政治、文化、军事、民俗等社会状况。

从画中细节来看,"描金漆器""精裱诗画""打造锡器""染坊"均为明代苏州特色,而"青楼""书坊""南货""女工铜针"等足可让人感受到那时苏州的风致。特别是仇英把张择端画中的木质虹桥改为石拱桥,桥上市景由几个草棚凉亭演变为木质售货亭。原先"宋本"中鲜见的马匹和羊群在"明本"中随处可见,而骆驼、毛驴、牛车等中原交通工具已难觅踪影,这是一幅极难得的杰作。

仇英虽然与当时的沈周、文徵明、唐寅同为"吴门画派"的领袖人物,且四人在史上并称为"吴门四家",但他的名声远不及其他三位来得响亮。这并非因为他年纪最小,是后起之秀,更非他的画艺比别人差,只因他"出身低微",是一个没有家庭背景、文人身份的穷小子。由于他出身寒微,在当时被大多数画家瞧不起。

他的画作可以被人任意题识,但他从没有机会为其他画家题写诗文款识,甚至在晚辈的画上也没有过。他经常被人邀请作画,但从不见他邀请别人。文人间置酒高会、诗词往还这些事更是没有他的份。在苏州的沧浪亭内有"五百名贤祠",祠内刻有明、清两代500多位名人贤士的肖像,名望与成就都不及仇英者赫然在列,唯独没有仇英。但历史是公正的,它不会让贤者沉寂,仇英以他的绘画造诣和创作作品名垂画史。

不甘于当一名漆工

仇英,号十洲,生卒年不详。据温肇桐的《明代四大画家》一书中所说,其生于明弘治七年（1494），卒于明嘉靖四十年（1561）。徐邦达在《仇英生卒岁考订及其他》中认为仇英卒于嘉靖三十一年（1552）。还有人认为仇英生于1482年，卒于1559年。他出生于太仓的一个平民家庭，自小聪明伶俐，爱好绘画。在明代中期的正德、嘉靖年间，苏州的民营手工业日渐发达，城镇手工作坊林立。仇英为了减轻家庭负担，十一二岁就开始学做漆工。当好一名漆工要学会识色、调色和图案设计，这对他学画起了很好的帮助。

当时"吴门画派"已经崛起，蜚声画坛的沈周、文徵明、唐寅及周臣的画在社会上广为流传。这些人也成了仇英心目中的偶像。他虽见不到、攀不上这些名士高人，但这些人的诗画，仇英常能在画店或商贾们的手中见到。每见到一幅好画，他总要仔细地钻研一番，久久不忍离去，但因为家庭贫寒，买不起这些价钱高得烫手的画卷，常招来老板们的白眼和商人们的斥责。

仇英是个有抱负、有志气的青年，下定决心要攻学画艺。他在做工之余自描自摹，又省吃俭用，蓄下一笔钱准备到苏州城去拜师学画。他毅然离开太仓，离开他的双亲，只身来到苏州，走上了漫长而曲折的学艺之路。那时的苏州是江南经济和文化的中心，但像仇英这样的穷漆工想要找高师学画，又谈何容易。他甚至连谋生的立足之地也难以寻找。

幸好他的漆工手艺高超，最终在阊门的一家漆作坊安了身。虽然生活有了着落，可苏州作坊对于工匠的盘剥十分厉害。他每天要干十几个小时的活，累得死去活来不说，仅有的空闲时间也受到百般限制，但他始终不气馁，不动摇，千方百计寻找机会学习画艺。有时夜深人静，他凭借月光偷偷作画，一画就是一个通宵，第二天继续干活。有时，作坊主派他外出干活，他干完活便到热闹的庙宇、歌楼等处寻找一块地方绘画。人群之中，既能尽情观察社会风情，又不易被注意。虽然周围鼓吹喧闹之声不绝，但他充耳不闻。

仇英虽不读书，却并非一无是处，反而有极聪明的过人之处，有一日帮周臣修建新屋彩绘栋梁时被周臣一眼发现，从一众粗人中挑选出来，收为徒弟。当时周臣是职业画家，他认识仇英时正值自己创作的鼎盛时期，他教仇英专习绘画。仇英虽未长成青年，但基础画功已如久经训练的成年人，并可以与自己的老师周臣、老师的另一名学生唐寅，以及名画家文徵明共同绘制画作。

仇英终生感激他的恩师，慧眼识得异质，并且悉心调教。周臣还引荐名家继续指点仇英，打开了仇英走入文人画家的大门。文徵明是当时誉满江南的大文人画家，与周臣相熟。仇英与他结识后，便得到文徵明及更多好友门生的指点。文徵明邀仇英合作《湘君湘夫人图》，虽没有成功，但文徵明还是极力提携，仇英画艺日渐精湛，那时的仇英觉得天地间顿时又起一翻新气象。后二人又合作《摹李公麟莲社图》，山水为文徵明画，人物出于仇英之笔，此后，文徵明还多次请仇英为自己画像。

天道酬勤以临摹名世

在苏州学画的数十年间，文氏父子及门生对仇英绘画的题跋、欣赏不计其数，在社会上广泛流传，他的画名也自此崛起。项元汴是位古玩字画的收藏家，曾邀仇英为其作画。而仇英对于绘画的态度也是十分认真，他为昆山名士周六观画《子虚上林图》卷，花了整整6年时间才完成这帧长五丈的手卷。

仇英的画风取历代名家所长，设色青绿山水的明艳风格。细致揣摩，他的每幅画内都有其奇特的双重个性，既有职业画家特有的民间气息，又有文人画家的大气磅礴，俗中有雅。凡对山水人物略知一二的画者都知道，完全的职业画家有文人气质，完全的文人画家也都不带世俗尘烟味道。然而，仇英起自非院派的"院派"画家周臣，每一幅作品的底气都带着世俗的味道，却又可以凌空转身，画出更高格局的情调与气势。他的楼阁界画，是用界尺引线作画，描画工细，设色浓丽。在仇英的仿《清明上河图》长卷中，生动展现了城市规模和社会生活。

学习勤奋的仇英，练就了一身好本领，他学了老师和名师的技艺，一天到晚总找东西来习绘，因此他极擅描摹古人的画作，画什么像什么，几乎可以乱真，弄得收藏名家也搞不清楚究竟哪一幅是原作，哪一幅是仇英的临摹。又因他画得实在太好了，各家评说他的画，临本也可以名世。

那时江南书画鉴赏与收藏之风盛行，若谁在绘画与临画方面能高人一筹就可被收藏家请到家中，常年供其作画。收藏家们视仇英为珍宝，若请不到仇英就关起门来学他的画作，但凡一幅作品带了些仇英的风格，或细密或纤丽，都统统假款仇英之名拿去面市。更有欺世之人，把周臣画作上的签名挖去，补上仇英之名出售，以换更多的银两，让人哭笑不得。

如此一来，跟进之风贻害到现在，使得仇英的传世之作中假款很多。在真假难辨中，仇英的临摹之作反而成了他的功绩，如现存于故宫博物院的《临萧照中兴瑞应图》，就成了保存萧照真迹的最妙之作。《柳下眠琴图》也是仇英的佳作之一，富含宋元画法又自出新意，山石源出李唐、马远，但笔法灵动松秀，人物衣纹清利明快，勾勒有力，脸部描绘柔和，人物与自然环境处理得十分妥帖。

仇英另一幅表现人物的《春夜宴桃李园图》也是精心之作，这一画作历代不乏描绘者。而他以高超的技巧表现了各种人物的身份和神态，画法清丽，境界契合原文的描写。另有人物画《右军书扇图》《秋原猎骑图》等。现藏于上海博物馆的《剑阁图》也是他的一件山水画杰作，图中描绘了山势险峻、道路崎岖难行的雪景场面。一群人从山上小心缓行而下，逼真地表现了"蜀道难"的情景。

天津艺术博物馆藏《桃源仙境图》是仇英青绿山水的代表作，三位白衣高士坐于山洞，一人操琴，二人聆听，图中白云浮动，小溪潺潺流过，飞鸟映衬山间，使人能闻听琴声、鸟声、风声、山水声。与此风格相近的还有《玉洞仙源图》和《桃村草堂图》等。近人刘海粟这样评价他，"多方面的成就，所写美人图，色彩艳丽，用笔细入毫发。金碧山水，结构谨严，而含有清润柔和的韵味。写意人物，却又潇洒流畅，古意盎然"。

再看太仓博物馆内仇英所作的《清明上河图》，虽参照了张择端的构图形式，但茶肆酒楼、装裱店、洗染坊等细微处体现的则是江南水乡特有的生活，这当中也包含了仇英的自身风格。以其名款出现的《清明上河图》有两本原藏于清内府，《石渠宝笈》初编著录一本原藏于重华宫，落款"吴门仇英实父摹宋张择端笔"，本幅即为《石渠宝笈》所著录。

1950年，共有三幅《清明上河图》被送到辽宁省博物馆的前身东北博物馆，鉴定家发现了除张择端的《清明上河图》真迹外，还有仇英的《清明上河图》。仇英《清明上河图》的艺术欣赏研究价值与张择端的宋本《清明上河图》可相媲美。虽然"五百名贤祠"中没有仇英，但《吴中乡贤遗像》中却收有他的画像，这充分表明在艺术上有造诣的艺术家是不会永远销声匿迹的。

（2015年10月发表于《金太仓》杂志"专化专栏"）

魏良辅：娄东之水磨昆腔

小引：魏良辅（1489—1566），字师召，号此斋，晚年号尚泉、上泉，又号玉峰，新建（今属江西南昌）人，明嘉靖五年（1526）中进士，官历工部、户部主事、刑部员外郎、广西按察司副使。明嘉靖三十一年（1552）擢山东左布政使，三年后致仕，流寓于江苏太仓。太仓既是昆山腔的发源地，又是魏良辅创制昆曲"水磨腔"的地方，有专业戏班约200年，有著名的昆剧艺术家、剧作家，有遍及城乡的坐唱堂名班子，还有不少昆曲社和昆曲的爱好者，太仓的昆曲源远流长，资料丰富，底蕴深厚，是一个重要的昆曲基地。

良辅改良昆腔

暖日晴风里，万物初醒。等待了一季的小麦，冲破了冰冻的泥土，从地里探出翠绿的小脑袋，好奇地看着这个苍茫的世界，其他植物也将逐渐复苏。浏河塘边上的垂柳，按捺不住要与春天来个会面，柳枝斑斑点点，似乎已爬上新绿。竹篱边的菜花，含着花苞，就等那一抹春风袭来。魏良辅坐在南郊自家小院前，手里拿着一管竹箫，正吹着自己新谱的曲子，透过半掩的柴门，断断续续传来低缓的箫音。

柴门外是一片广阔的田野，箫音时而轻快，时而低沉。若隐若现处又突然明朗万分，既似空中缥缈的云烟，又似远淡萦绕的雾霭，笼罩在大地上，乐曲声划过一浪浪的麦尖，沿着田间的垄沟，跃入近旁的浏河，随着奔腾的古运河，一路流向长江。魏良辅沉醉在新曲的创作中，不知不觉已待在家两个月之久，他浑然不觉身边流逝的时光，早就冬去春来。

魏良辅所创作的这首新曲，是为"虎丘曲会"准备的，这是苏州历史上规模宏大的民间自发的昆曲集会,其时文人雅士、曲词名家、专业艺人、百姓群众,会自发地在中秋之夜聚集虎丘,吟咏较艺,竞技演唱。魏良辅自信满满,他一心想在曲会上博得头彩,但苏州曲艺大师众多,要在其中脱颖而出,难上加难。

中秋这天,虎丘山道上人头攒动,千人石上五彩缤纷,在千人坐最高处,还别具匠心地搭建了精致的月宫模型,陈列香案,权作曲台,模型中嫦娥、吴刚、金桂、玉兔栩栩如生,斧头、杵臼等小道具亦一应俱全,更添几许游人赏月的兴趣。不远处一群群盛装而出的仕女,嬉戏着踏月而来。曲会在一片欢歌笑语中开始,魏良辅虽然心中有曲,但要在如此盛景的戏台上胜出,他心里还是有些紧张。

待他登台时,魏良辅悠悠然地吹奏起一支玉箫,对于音律谙熟的他,十分投入地将创作的新曲完美表演了一番。曲毕后,他朗声道:"多谢四方前辈、学子为魏某捧场,魏某以为清唱,俗称谓之冷板凳,不比戏场藉锣鼓之势,全要闲雅整肃、清俊温润。今日魏某以多年改造的新昆山腔,除弦索之外又配以箫管笛笙伴奏,让孩子们试唱一曲,答谢诸位。"此时此刻,魏良辅俨然如一位久经沙场的老将,凛然而立。

在众多曲家的一再要求下,魏良辅又弹起琵琶,缓缓唱来:"寒食杏花天,鸟啼春,人晏眠。一帘飞絮和风卷,芳菲可怜,相思苦缠,等闲松了黄金钏。闷厌厌,朝云暮雨,魂梦到君前……"转喉押调间,度为新声,疾徐高下清浊之糊,歌声动听,似水磨般细腻,亦犹如仙乐。此时,中秋的明月倒映在湖水里,水面上飘荡着魏良辅在虎丘曲会上唱的新曲。这是经过魏良辅改良的昆山腔的新曲,又被称为"水磨腔"。

流行风潮"水磨腔"

魏良辅自小学习北曲,因不及北人王友山,于是转而钻研南曲。他的出生地南昌,春秋时属楚国之地,汉高祖时,因为此处多豫章木,故而称豫章郡。当地盛行弋阳腔,而他却厌鄙弋阳。1517年秋,朱宸濠借口明武宗正德帝荒淫无道,集结兵号十万造反,大军浩浩荡荡地打下九江,攻入江西。失去家园的魏良辅为避战乱,流寓至太仓南码头。

当时南码头有许多驻军,其中有部分人通晓音律,魏良辅常与他们切磋技艺和商讨乐理。太仓卫南关的驻军尚武，西关的驻军善曲，过云适恰好是善唱南曲的度曲家，魏良辅知道自己有很多方面不及他，因此有了研究心得便常常去请教。魏良辅每次度曲，过云适说行就行，说不行就不行，多次反复，不厌其烦。

周贻白先生在《中国戏剧史长编》一书中说："魏（良辅）不过一后起的歌人，因其有一副天赋过人的好嗓音，并兼通音律，参合其他腔调的长处，把'昆山腔'唱得更加婉转曲折，于是一般人皆捧为圭臬。其实，这里面还不知埋没多少无名英雄，过云适之得见记载，已属万幸了。"他又说："过氏对魏氏之创昆山腔实居于指导地位，说不定魏之'能谐声律'，也和过氏有关。"

不仅仅是过云适指导过魏良辅，当时吴中一带还有几位老曲师，如袁髯、尤驼等，都比魏良辅这个后起之秀的资格老。陶九官、周梦谷、滕全拙等歌人，在艺术上也各有造诣。魏良辅都虚心地向他们请教过。据张大复《梅花草堂笔谈》载，昆山人陆九畴善于唱曲，很想与魏良辅一比高下。然而登上戏坛，亮开嗓子一唱，发觉自己不如魏良辅，立即甘拜下风。到后来众师都"皆瞠乎自以为不及也"。

魏良辅还向安徽寿县发配至太仓的善弦索、北曲戏剧家张野塘请教。当时张野塘正在军中服役，对魏良辅的求教欣然应允，两人结为挚友。自从遇到张野塘以后，魏良辅便不再出去卖唱，他专心致志和张野塘"镂心商曲"。一个红极一时的艺人突然间销声匿迹，歌台舞榭听不到他的歌声，看不到他的影子。此时，形容他"足迹不下楼"也不为过，而他更是"十年不下楼"，由此可见魏良辅下功之深。

后来，魏良辅将自己的女儿许配给张野塘。魏良辅在过云适、张野塘等人的指点下，吸收了当时流行的海盐腔、余姚腔、双凤山歌及江南民歌小调的某些特点，对流传于太仓、昆山一带的戏曲唱腔进行加工整理，将南北曲融合为一体。将南曲"收音纯细"，又将北曲"转无北气"，从而改变了以往那种平直无意韵的呆板唱腔，形成了一种格调新颖、唱法细腻、舒徐委婉的"水磨腔"。

"水磨腔"的"以文化乐"终于使昆腔在无大锣大鼓烘托的气氛下能够清丽悠远，旋律更加优美。同时，魏良辅对伴奏乐器也进行了改良，为了使演唱更富有感染力，将笛、管、笙、琴、琵琶等器乐组合为"江南丝竹"，用来伴奏昆腔的演唱，获得成功。这时候在他身边还聚集了擅洞箫的苏州张梅谷，擅笛子的昆山谢林泉,以及培养了季敬坡、戴梅川、包郎郎等一批优秀乐人,形成了一个志同道合的艺术团体。

就连魏良辅的弟子梁溪人、潘荆南等人也带动了流行风潮,"荆南游处必错以箫管合曲,一时竞相传习,世谓度曲之工始于玉峰,盛于梁溪"。以至于当地有谚语说,"无锡莫开口,谓能歌者众也"。戏曲界都尊魏良辅为"昆曲鼻祖""曲圣","昆山之旅以太仓魏良辅为祖",联合国教科文组织宣布保护的中国昆曲,实际上就是以魏良辅创制的昆曲"水磨腔"为基础的昆剧艺术。

南码头的家乐班

太仓南码头是个充满传奇色彩的地方,很多与太仓有关的传说都能在此找到索引,如北宋水利学家郏亶,元末明初医学家、画家王履,明代画家仇英,戏曲家、昆曲创始人魏良辅,文学家、复社领袖张溥,文学家王世贞,玉雕大师陆子冈等。如今的南码头已更名为太仓市科教新城,位于太仓、上海、昆山三地交会的中心地带,是上海与江苏的首要门户。

得天独厚的区位优势从古至今都吸引着人才集聚。太仓在春秋时属吴地,秦属会稽郡,汉为吴郡娄县惠安乡。元代于刘家港开创漕粮海运后,遂日益繁盛。吴元年建太仓卫,明初置镇海卫,屯兵驻防。被誉为"百戏之祖"的昆曲和优美动听的"江南丝竹"都源自太仓。《太仓州志》中记载,魏良辅居南关,擅声律,转音若丝,昆山梁伯龙效之,作《江东白苎》《浣纱》诸曲谱行世,天下谓之昆腔。张进士新乃取良辅校本,偕赵瞻云、雷敷民辈,传板度节,又号南码头曲。由于魏良辅是昆曲创始人,按其住地取名,故昆曲又号南码头曲。

明代人称南戏为"传奇"。明以后,杂剧日渐衰落,"传奇"音乐独主剧坛,兼收杂剧音乐,改名昆曲。着重表达戏曲声腔时用昆山腔;表达乐曲,尤其是脱离舞台清唱时用昆曲,这种表演艺术的戏曲剧种,则称作昆剧。昆曲的演员主要来自民间戏班职业艺人、士大夫蓄养的家班和业余的"串客"。明万历时期,就有了著名演员蒋六、宇四等,著名的昆曲戏班有南京的沈周班,士大夫申时行、张岱等蓄养的家班。

蓄养家班者即便不是皇家贵族,也是缙绅富豪,他们经济充裕,而且有比较深的艺术和美学修养,所以会极尽所能地追求精品化的表演方法和服饰道具，以营造美轮美奂的戏剧效果。还有些家班班主在追求完美、奇异以及摆阔等心理的支配下，为自己的家乐戏班置备了许多奢华的服装行头。除去满头珠翠的女冠不说，即使是穷秀才穿的一件破斜领青色长衫，也硬要用青色绸缎料作底，缝上各种颜色的绸方块做补丁。

明万历二十二年（1594），王锡爵回到太仓，组建了家乐班，聘请张野塘、赵瞻云传教昆曲，首演汤显祖的名剧《牡丹亭》，其子王衡撰写了《真傀儡》等五个剧本，王时敏请通州的"琵琶第一手"白在湄及其子白或如演艺，后又请著名昆腔曲家苏昆生来教曲。王氏家乐班经常在"太师府第"鹤来堂里演出。王锡爵的儿子王衡和曾孙王抃撰写的剧本不少都由家班演出，王抃写的《鹫峰缘》还由苏州全苏班排演。

清雍乾年间，由于官方禁止蓄养家班，王氏家班走向社会，成为民间职业昆班，生旦净丑末60人左右驻扎在太仓城内西火神庙，一面演艺，一面培养昆曲人才，其中有不少当了堂名艺人，如浮桥陆公市的百忍堂就是经吉芳班培养而成为坐唱堂名，一直延续了十二代。堂名是"歌吹"的别称，即婚寿喜庆、宴宾娱客时奏乐唱戏的职业坐唱班子。

魏良辅起初就是坐唱堂会的堂名，创制昆曲"水磨腔"后，坐唱昆曲"水磨腔"，据乾隆《镇洋县志》记载，"今昆腔行天下，虽遐陬荒缴，言声律者，奉为绳尺，而南码头曲，则老工伎师习为清唱"。1941年"传"字辈艺人的仙霓社解散，昆剧又一次绝响，但太仓仍有太仓曲局、双凤定音局等41个班，300多人从业，维持昆曲"衰而不亡"。2004年，第28届世界遗产委员会会议在苏州召开。为纪念被列入世界遗产名录的昆曲鼻祖魏良辅，太仓双凤少年邮局特于大会开幕之日启用了一枚纪念邮戳。2014年，有着44年历史的"太仓市南郊中学"更名为"太仓市良辅中学"，昆曲依旧在娄江河畔继续唱响着它的"水磨腔"。

(2015年4月发表于《金太仓》杂志"专化专栏")

王忬：赝品古董招致的祸端

小引：王忬（1507—1560），字民应，号思质，江苏太仓人，其为王世贞之父。明嘉靖二十年（1541）进士。当时，蒙古土默特部首领俺答汗进犯古北口，王忬以御史巡按顺天（今北京）。1552年，受命提督抗倭军务，巡视浙江及福建，任用俞大猷、汤克宽等抗倭名将，屡破倭寇。未几，进右副都御史，旋加兵部右侍郎，代蓟辽总督。不久又进右都御吏。1560年，因得罪严嵩及边事失利被杀。

王忬象牙腰牌

太仓古代战争馆里陈列着明代监察御史王忬佩戴的象牙腰牌。这件黄色的象牙腰牌呈椭圆形，光泽明亮。其宽58毫米、高88毫米、厚8毫米，重58克。上端浮雕成双兽形，有一宽、高各0.5毫米的菱形穿孔，用以穿系。腰牌正面竖刻篆书"给监察御史王忬佩"2行8字。背面刻一动物，似狗，昂首吐舌，垂耳翘尾，身有斑点，蹲于土丘上。土丘点缀几棵小草。此象牙腰牌上所刻的监察御史，属明政府都察院职官，正七品，主要职责是巡按各道州县、考察官吏，又称十三道监察御史。

人间自有真情在，当杨继盛在牢房里备受折磨痛苦煎熬的时候，有一个人冒着得罪严氏父子的危险到监狱里探望了他，这个人叫王忬，当时任大明朝兵部右侍郎。杨继盛上奏《请诛贼臣疏》的时候，官职是兵部武选司，王忬是兵部右侍郎，杨继盛算是王忬的部下，出于人情，王忬到监狱里看望杨继盛，并非不能被人理解。王忬看到杨继盛在监牢里的情形之后，十分难过。

王忬给明嘉靖皇帝上了一道奏折，陈情罪臣杨继盛犯的即使是死罪，也不该这么折磨他,大明朝可是最讲究仁义的啊!嘉靖皇帝看到这道奏章感到很意外,于是下了一道旨意,对杨继盛在狱中的待遇做了批示,意思是说既不能太好也不能太坏,依法办事,该怎么做就怎么做。有了皇上的这道旨意,杨继盛在狱中的状况有所改观,也可以治病疗伤了,狱卒们也会把小小的牢房打扫干净。王忬去诏狱大牢探望杨继盛,之后还特意为他上道奏章,这是得罪严氏父子的举动。这一举动,与严嵩同为阁臣的徐阶不敢做,高拱不敢做,张居正不敢做,王忬做了,他不仅做了,还告诉了他的儿子王世贞。

王忬这番有情有义,受其影响,王世贞三番五次去诏狱大牢探望杨继盛,并且十分激愤。他是做给别人看的,他在向严嵩的儿子严世蕃示威。

杨继盛因参劾严嵩入狱,王世贞却高调探监,这让严世蕃非常恼怒,并对王世贞恨之入骨。王世贞自己也知道,他的举动把严世蕃得罪到骨头里去了,一旦有什么把柄落入严氏父子之手,断无善了之理。但是他不以为意,仍然我行我素。悲剧很快就到来了。1554年,明朝关闭了与北部蒙古部族刚开通不久的马市贸易,蒙古铁骑随即开始骚扰边关,边患问题又被提上了朝廷的议事日程。王忬主动请缨御边,以兵部侍郎之职,兼任蓟、辽总督,前往前线督师御敌。王忬的这一举动让王世贞大惊失色,王世贞对父亲百般劝阻,但均无效。王世贞预感到大祸不日将临。

明朝时在边关前线御敌卫国的军事将领,即使是封疆大吏有尚方宝剑在手,能得善终的几乎没有。王世贞以他的绝顶聪明,岂能不知道其中的凶险。但是,望着父亲那义无反顾的背影,他一点办法也没有。于是,王忬走马上任边关塞外,戍守在明朝的边防线上。从1554年王忬请缨边关御敌,到1557年冬兵败获罪,这之间足足有三年的时间。

1557年冬天,王忬在边关用兵失误,调度不当,致使遵化、迁安、蓟州、玉田四城陷落敌手。蒙古铁骑烧杀抢掠,恶行难以用语言描述。由于北京城里有很多官吏、宫人和太监来自这四个地区,听闻家乡的亲人遭此大难,无不悲恸愤恨,随后迁怒于王忬,强烈要求斩杀王忬,以泄心头之恨。王忬被押解回京治罪,这可急煞了王世贞。他四处托关系找门路,见人就作揖,想给自己的父亲谋一条生路。但是,严氏父子的态度决定了王世贞父亲的生死。

兄弟救父

据传,当年王世贞带着弟弟王世懋赶到相府哀求严嵩为父亲求情,见到其子严世蕃之后,王世贞和王世懋兄弟二人跪倒在地,两天两夜滴水未进,最后昏厥在严府门前,但是严世蕃无动于衷。负责判案的官员听说了这件事,非常感动,因此对王忬从轻治罪,判处王忬发配充军。

明嘉靖三十八年(1559)春,王忬以通敌卖国的罪名被押赴刑场处决。王世贞兄弟抱着父亲的尸体放声痛哭,大鸣其冤,并发誓与严氏父子势不两立,不共戴天。王世贞兄弟扶着父亲的灵柩回乡,誓言严氏父子不倒,绝不还朝为官。但王忬的死,也有王世贞的过错。王世贞恃才,辱严世蕃;严世蕃恃权,公报私仇。王世贞得罪了严世蕃,让自己的父亲付出了生命的代价。严氏父子害死了王忬,背负了千古骂名。在严氏父子倒台之后,《凤鸣记》《一捧雪》《沈小霞相会出师表》等声讨严氏父子的作品非常多,这些都出自王世贞的手笔。

赝品古董招致的祸端

有一个传统剧目叫《莫怀古》,又名《一捧雪》,它描写的是明嘉靖年间,太仓王忬的家里,藏有一只祖传的玉雕宝杯,该宝杯洁白晶莹,玲珑剔透。这只宝杯非常奇特,如果把滚烫的开水倒进去,开水便会立即冷却,似雪水一样清凉,因此取名为"一捧雪",是一件稀世珍品。当朝宰相严嵩和他的儿子一直想得到这只宝杯,便令王忬献送严府。王忬不忍祖传宝杯落入权贵之手,便仿造了一只送去。严嵩得知真相后大怒,便将边关失事的罪名强加于王忬,意图迫害他。在这关键时刻,王忬家的仆人莫成挺身而出,假扮王忬替主人赴死,而让王忬改名换姓逃避他方。后人因感王忬"怀古物"而遭横祸,便把主人公的姓名改为"莫怀古",以示警喻。

此剧是有隐喻的。当时正值明朝官场混乱,处于威慑下的士人,为了避祸,也尽力淡化世务,趣味趋向于世俗化,对古物辨伪、版本校勘更感兴趣。各种古董珍玩、文房清供不仅是士大夫争以搜求的抢手货,甚至还成了贿赂权贵的用具。

处于这样一种收藏热潮下,仿古制伪空前泛滥。一些专门伪造赝品的古董贩子,把眼光盯到了官员的身上,将之作为行骗的首选对象。严嵩把持国政,其子严世蕃贪财好贿之余,还喜欢古器文玩,一众官员为了讨好他,想尽办法搜取古玩书画进献,以谋仕进。

当时,传闻宋人张择端的《清明上河图》真迹在已故相国王鏊的家里,严世蕃见猎心喜，想据为己有。可是王家广有田产，并不差钱，无意出让家中收藏。严世蕃无处下手，于是委托门客汤臣解决此事。汤臣与王忬有交往，就请王忬想办法。然而，不管王忬开出怎样的天价，王鏊的子孙都表示不卖。见名画不可得，王忬就想了一个歪点子，找来专门伪造名画的苏州画匠黄彪，临摹了一幅伪作，精心装裱后送给严嵩。

严氏既得此卷，视为珍宝，用之为诸画压卷，置酒会邀诸贵人赏玩之。然而，假画之事被与王忬关系不好的人告发，得知真相的严世蕃大怒，从此恨上了王忬，王忬的杀身之祸自此埋下。后来，严世蕃借俺答汗进犯古北口，明军抵抗不力为由，杀掉了王忬。这在《万历野获篇》里，被称为"伪画致祸"，可以说是由《清明上河图》引发的惨案。隆庆帝即位之后，王氏兄弟替父鸣冤，王忬终被平反。

陆子冈：与"玉"无处诉说之憾

小引：陆子冈（约1507—?），明代嘉靖、万历间雕刻家、琢玉工艺家。陆子冈精湛的雕玉技艺是"吴中绝技"，可他如何创作出诗文"子冈玉牌"而一炮而红？被誉为"碾玉妙手"的一代玉雕巨匠，竟然在嘉靖、万历年间名闻朝野时，因违旨落款而犯上被处死，这是他对手艺的自信还是妄自称大？他虽是苏州琢玉工匠中的杰出代表，但性格孤僻不同人合，却又与唐寅一起救人于危难，这又是怎样一段佳话？

州人"子冈"制牌

苏州曾有一则新闻，报道说号称"玉雕一条街"的十全街再次上演上百家玉雕商家年前集体歇业的情形。出现在新闻镜头里的许多玉雕店铺门上都张贴着"店面转让"或"招租"小广告。可我明明记得，几年前的玉雕生意可谓火爆，玉价一路飙高，甚至每克高达几万。现在，玉器市场的火热劲虽然冷下来了，但人们对于玉的喜爱并未减少。

记得有位同事，十分喜爱玉。一次，他拿着一块和田籽料把件，与我讲述这块玉石是何等的精妙，其实在我看来，那不过是块通透一些的石头罢了。他对着这个籽料不断地把玩，浮想联翩，竟为这块玉石构思了一个故事，为了实现自己的梦想，他找了个苏州玉雕工匠将这个构思刻了出来。当我再次看到这块把件时，这玉石浑然成了另一件杰作。他说："这是仿子冈牌款。"

为什么玉能让人痴迷？也许是因为它来自天地，又能满足拥有者对一些美好事物的想象。"爱玉者贵玉之价，敬玉者修玉之德。"玉石内敛柔韧的质地中又透显刚性，散发出刚柔相济的宝石光感。那油脂光泽的暖白色调，自然而然地给人一种内在蕴美之感，让人憧憬向往。如果在喧嚣的城市中，静静地坐在时光顾不到的地方，任思想远航，玉石就成了人们的精神寄托。

"古之君子必佩玉，君子无故，玉不去身。"在古代，人们佩戴玉器，不是对财富的炫耀，也不仅是作为装饰，而是另有深意。明代后，苏雕玉器就以精、细、灵、巧闻名于世，苏州玉雕艺人将文人气息与江南情调融入雕刻之中，使玉雕作品兼具了诗、书、画之意境。太仓博物馆曾举办了一期"陆子冈杯"精品展，可谓是一场"美玉盛宴"。那精美绝伦的碧玉荷叶笔洗、优雅温润的和田玉龙凤梳，让观展者惊叹。

我同事所称的"子冈牌"，就是陆子冈所创的诗文玉牌。其选用规整厚重的玉料，正面边缘有极其简单的装饰纹，主题图案不论花草、树木、人物等，严格按黄金比例布局，阴刻线条走刀干练，阳刻线条细如发丝，内容多节选于名家诗句。这种符合主流审美的创新玉雕，深受文人喜爱，陆子冈高超绝伦、巧夺天工的琢玉技艺可见一斑。

陆子冈是太仓人，他自幼在苏州学艺，终成一代玉雕巨匠。心灵手巧的他，小时就喜爱雕刻，从太仓落户苏州后，就在城外横塘镇一家玉器作坊拜师学艺。由于他天赋过人，再加上勤学苦练，雕刻技艺不断提高。他改传统"沙碾法"为"刀刻法"，并擅长平面减地的线刻技法，也就是浅浮雕。其所制玉器作品多数形制仿汉，颇具古意，具有空、飘、细的艺术特色。

陆子冈是位列吴中绝技之首的玉行代表人物，他的玉雕技艺享称吴中绝技，制牌非常讲究，有"玉色不美不治，玉质不佳不治，玉性不好不治"之说。他制作玉器时把主要功夫放在巧作镶嵌上。如制作茶晶花插，选用茶、白两色玉料，茶色琢树干，白色琢梅花，两色镶嵌而成，老干白梅，好似有阵阵清气袭人，构思之巧妙令人拍案叫绝。

《太仓州志》记载："雕玉器，凡玉器类砂碾，五十年前州人陆子冈者，用刀雕刻，遂擅绝今。所遗的玉簪，玲珑奇巧，花茎细如毫发，一枚价值五六十金。"当时的江南有"八府一州"之称，其中的"一州"就是太仓。

君子与玉比德焉

明代的手工业管理非常严格，有着森严的等级划分，琢玉工匠身份卑微。陆子冈因父母早逝而四处求艺，潜心钻研雕刻，他在琢玉中练就一手绝技，使雕刻技艺达到出神入化的程度。陆子冈所制的玉器富有变化，方圆扁平，意之所到即能成器，而且"治玉"富有文韵，被明万历皇帝招至宫中专为皇家琢玉，成为名闻朝野的玉器雕刻大师。

以高超技艺力压群雄的陆子冈，使众多文人雅士不得不放下恃才傲物的姿态将其视为上宾，许多诗词杂录对"子冈玉"不遗余力进行赞美。他的作品题材多样，形制多变，飞禽走兽无不入画，杯盘壶炉皆能制作。不少作品上还铭有诗文，书体有草书、行书，笔法清秀遒劲；还有或篆或隶、图章式"子冈""子刚制"落款。

文人雅士之间常以玉会友，相传陆子冈与唐寅交情甚密。唐寅有一个扇坠是陆子冈所赠，坠子上刻着一只五彩斑斓的小老虎，这是陆子冈一生中唯一没有署名的玉雕。苏州民间还流传着两人联手救人的故事。那一年，苏州的装裱行墨香斋的米云山掌柜，到唐寅家中哭诉，说："前日苏州府衙送到墨香斋一件宋代的名画，是给皇上的贡品，两日后就要送往京城，因品相稍有瑕疵，特意送到墨香斋连夜修补，不料走漏了风声，晚上来了几个贼人，虽抢回了宝贝，但是名画却严重受损，无法交差了。"

说完米掌柜就跪地求唐寅帮其修复此画，救其一家老小。唐寅见状立即打开米掌柜带来的包袱，把画轴放到书桌上，小心翼翼地将画展开。这是一幅宋代的《春江水暖图》，绢布水墨，意境清新，一股春意扑面而来，确是一幅上乘之作。只是画作有两处已被撕毁，残缺不全了。再一细看，更叫人称奇的是画轴是由玉雕成的两枝青竹，枝叶清晰，上有鸣虫展翅，如闻其鸣，可惜有一支画轴已碎成了几段。

唐寅心中不禁暗暗叫苦，修复此画，简直是不可能的。经过一番思索后，唐寅对米掌柜说："若只是修复这幅画作，我将全力为之，尚有药可救，只是这玉雕画轴，苏州玉行唯有一人可以复修，便是子冈先生，只是陆先生性情怪异，不知肯不肯帮你。况且，即便陆先生肯帮你，只怕如此精细的雕工，没个三五十日怕是完不成的。"

无计可施的米掌柜听从唐寅之言，便前往位于玉石巷的子冈玉坊内，求助于陆子冈。陆子冈接过画轴仔细观看，足有一盏茶的工夫，才缓缓抬起头，眼睛里闪过一道光，嘴里缓缓地吐出几个字："明天一早来取吧。"望着米掌柜离去的背影，陆子冈喃喃自语道："米家十几条人命呀……"旋即走进了刻玉室。两天以后，这幅修复后的名画如期送至京城，没有一人看出丝毫破绽。

"子冈玉"之生死结

当一个人在某方面的技艺达到一定高度时，难免会向世人"炫技"。陆子冈琢玉造型多变且规整，古雅之意较浓，其玉质越佳往往硬度越高，雕刻的难度也越大。他制作玉器时必先对玉料反复研究，然后根据玉料天然状态决定取舍，因器施艺，艺随器现，治玉造型规整，制作器型多变，并发明了俏色的方法和工艺，所制玉器无不精美绝伦，构思巧妙。陆子冈独创精工刻刀"锟铻"，且秘不示人，操刀之技也秘不传人。

子冈玉牌特点是一面刻着诗文，另一面刻画，轻镂细刻，清新淡雅，诗文与画面融为一体，犹如书写作画时的布局，玉雕界无人出其右。陆子冈制作的融合文人画之美的玉牌风靡了明清两代，直到现在还有许多玉雕艺人喜爱这种创作形式。陆子冈对艺术的追求极其严谨，"凡刻一新月，必上弦而偏右；刻一晓月，必下弦而偏左"。新月的弦一定是朝左上方，残月的弦一定朝右下方，这和现代科学的道理完全一致。

但是，"成也萧何，败也萧何"，陆子冈最终也没能留下他的"锟铻刀"，缘由在于他的每件玉器都会落下"子冈"款。有一次皇帝召见陆子冈，要陆子冈为他雕刻一匹马，并且说明不准落款。陆子冈回去雕刻好了献给皇帝，皇帝仔细看了看，并且让其他大臣鉴定，果然没有落款，皇帝非常高兴，于是奖赏了陆子冈。之后，一个宰相经过仔细查看，还是发现了在马耳朵里有"子冈制"的微雕字体。

陆子冈的杀身之祸依旧源于落款。明万历年间，明神宗朱翊钧命陆子冈雕一把玉壶，并再次提出不准落款，陆子冈则运用内刻功夫，巧妙地把名字落在了玉壶嘴里面。原本陆子冈深得皇帝喜爱，可他屡次违规落款。最后一次，他在为皇帝制作好一件玉雕后，竟将自己的名字刻在了龙头上，从而触怒皇帝，被赐死了，让陆子冈的"炫技"成了"绝技"。

如今，故宫博物院里珍藏有陆子冈的青玉婴戏纹壶、青玉山水人物纹方盒等玉雕佳作。其中的合卺杯，杯由两个直筒式圆形连接而成，底有六个兽手足，杯体腰部上下各饰一圈绳纹，作捆扎状，一面镂雕一凤作杯把，一面凸雕双螭作盘绕状，两纹间的绳纹结扎口上刻一方图章，上有隶书"万寿"二字；杯身两侧，一侧雕有"湿湿，既雕既琢，玉液琼浆，均其广乐"的诗句，末署"祝允明"三字,另一侧雕有"九陌详烟合,千番瑞日明,愿君万年寿,去醉凤凰城"的诗句,诗上部有"子冈制"三字篆书款。

　　对于常人来说,带有斑斓色彩的美玉总让人着迷,也能在赏玩中生成无限遐想。赏玩玉石除了需要时间和金钱之外,还需要机缘。虽可做纯玩一族,让玉石彰显个性,也可以收藏兼投资,两全其美;但不可对玉石过分溺爱,若产生盲目跟风的玉石热,或将导致玉雕行业的低迷。因此,对玉石喜爱者切不可掺杂虚荣之心。无论是喜欢玉石的本身之美,还是喜欢雕刻之美,都应心无旁骛,才能成就大爱。

　　　　　　　　(2016年4月发表于《金太仓》杂志"专化专栏")

王世贞：此情何以堪

小引：王世贞（1526—1590），字元美，号凤洲，又号弇州山人，江苏太仓人。明代文学家、史学家。冬日的牌楼郊外，如同一片空旷的原野。刚翻种过的农田里，被稀稀落落地撒下一些麦子，如今这里种什么或长出什么都无所谓，不求丰收，但求土地不空。这片黄土板结的地里，有一座残坟，这是王家的祖坟，昔日的大片墓园现已无迹可寻，只留下王世贞的残墓，依然坚强地屹立在田地中央。青山老，流水尽。天道无情，人间何从。

《金瓶梅》撰文一说

春天，我与友人同游富阳，在富春江畔的华宝斋内，看见一套纯手工印刷的限量《金瓶梅》，当时非常好奇，便随手翻阅，其中一位朋友凑过来见是《金瓶梅》，便鼓励我买下，称此本奇书是太仓人所写，应该好好珍藏。我当时非常惊讶，这本名气比太仓响得多的奇书，竟然是太仓人所写？写这本书的太仓人又是谁？此事以后，我便一直对《金瓶梅》的"身事"耿耿于怀，并开始饶有兴趣地研究起来。在逐渐深入的研究中发现，太仓的历史源远流长，对于作为外乡人的我来说，只能从这条历史长河中拾取一瓢。

明清时期的太仓，文人荟萃、名家辈出，不仅有号称"四代一品"的王锡爵家族，还有影响清代画坛300年的"娄东派"。太仓的王世贞是明代著名的文学家、史学家，他为娄东文化抹下了重彩。他曾任刑部主事、刑部尚书，又是当时独主文坛的领袖，有《弇州山人四部稿》《弇山堂别集》《觚不觚录》等著作。历史总是扑朔迷离，也许仅是前人的随意一笔，便引发无数后人苦心求实与求证，也正因如此方能显尽它的魅力所在。

《金瓶梅》是一本备受争议的奇书，它是我国第一部个人创作的白话长篇小说。书中以土豪恶霸西门庆的发迹至暴亡为主线，并首次把笔触深入家庭的日常生活，细致描写了西门庆一家夫妻、妻妾、主仆之间的种种矛盾，从多个侧面反映了一个时代光怪陆离的社会生活。在《金瓶梅》成书的年代，文化的正宗是经学，然后是史学、文学。文学之中又以诗文为正宗，至于小说和戏曲，则一概被视为"闲书"，实际上《金瓶梅》就是一本"闲书"。

《金瓶梅》涉及大量艳情描写，因此千百年来屡屡被冠以"淫书"之名，甚至被列为禁书；另一方面，许多文人学者以其文学水平高而称之为"第一奇书"。《金瓶梅》这本奇书的作者也深受人们猜测，这位署名"兰陵笑笑生"的人，成为与奇书一样神奇的人物。这也带来了自明清以来学者们对此书作者真实姓名的长期争论。据清朝宋起凤说："世知《四部稿》为弇州先生生平著作，而不知《金瓶梅》一书也是先生中年笔也。"王世贞是最早拥有《金瓶梅》手抄本的人之一。

《明史》中记载，王世贞的父亲王忬任蓟辽总督、监察御史时，曾受命赴浙闽率军抗击倭寇，并屡破倭寇。次年，兵部员外郎杨继盛上书弹劾严嵩，结果反遭诬陷致死。王忬因支持杨继盛而与严嵩父子结下了仇。再加之前文所述《清明上河图》赝品之事，惹得严氏父子大怒，于是记恨王家。这也为王忬招来杀身之祸，严王两家至此成了仇家。

王忬被严嵩加害后，王世贞一心想为其父报仇，他打听到严嵩的儿子严世蕃喜欢看带有情色描写的小说，于是专门写了部艳情小说《金瓶梅》，在把书稿给严世蕃之前，王世贞在每一页的页脚都沾上了少量砒霜。这本浸满毒药的书，辗转送给了严世蕃。严世蕃一阅之下就此着迷，有几页书连在一起分不开，他用手指蘸了唾液翻揭，就此中毒。然而毒性不烈，没有将严世蕃毒死，却损伤了他的脑子。严世蕃本是父亲的智囊，又擅写文书，颇得嘉靖皇帝宠爱和信任，自严世蕃智力衰退后，严嵩渐渐不能在朝中立足，不久便入狱而死。

研究《金瓶梅》的学者们更加倾向于这一说法，并称其为"苦孝说"，因为它比较符合中国传统礼教对忠和孝的褒扬，因此这一说法在民间广为流传。太仓市牌楼有片农田，它在1967年前还是一大片陵墓，墓主就是太仓本地的望族王世贞家族。这片墓地中，最大的三个坟墓就是王忬、王世贞和王世懋父子三人的墓。农民在特殊年代里，推倒了陵园，挖开了所有的墓葬，平整土地变为农田。

因为历史上有王世贞父亲被严嵩陷害砍头的说法，当地老百姓间一直流传着王世贞父亲下葬时装了一颗金头的传说。所以当村民们把棺材从坟墓中挖掘出来后，都想看看传说是否属实。在打开的棺木中，村民真的看到了一个假头，不是金头，而是像石膏一样的东西。老百姓拿铁耙敲，却敲不开。面对这个不知用什么东西做的假头，村民很是畏惧，趁着天黑，一位胆子大的村民把它扔到了墓地旁的河里。

李时珍十年等一序

写就一本巨著也许需要数十年，乃至花费毕生的精力，而王世贞为李时珍的《本草纲目》作序即用了整整十年，这不可思议的背后，还有另一段隐情。《本草纲目》是我国古代汉族传统医药学的集大成者，是明代医药学家李时珍在继承和总结以前本草学成就的基础上，结合他长期学习、实践所积累的大量药学知识，经过探索和钻研，历时数十年而编写成的一部巨著。《本草纲目》的问世，王世贞功不可没。

当年，李时珍着迷于草药研究，但为遵父命而投考科举，结果三次落第，遂决心弃儒从医。他的业师顾日岩与王世贞同为嘉靖进士，两人关系较好，互通诗文，时常往来。王世贞的另一位好友"后七子"之一的吴国伦与李时珍也是过往甚密的好友。王世贞出任湖广按察使时，顾日岩曾与他提起李时珍修《本草纲目》的事，特约王世贞为此作序，与李时珍仅有一面之缘的王世贞当场点头首肯。

明万历六年（1578），李时珍三易其稿的《本草纲目》终于完成，他带着书稿风尘仆仆来到当时出版业繁荣的南京，但久居盘桓终无结果。当时他不过是湖北山区的无名郎中，这近二百万字的《本草纲目》既不合市井口味，又不能作为士子的敲门砖，所以出版商都不看好这部著作。百般无奈的李时珍想到了大文豪王世贞，如请他写序，定能妙笔添花，于是便决定登门拜访已辞官居住在太仓的王世贞。

李时珍来到太仓的那天，恰巧是农历九月初九重阳节。这天，太仓万人空巷，约有十万人前去离城十多里地的直塘观看昙阳子王焘贞羽化升仙，其中包括王世贞。李时珍四处问讯，刚找到弇山园，却不见王世贞。经王世贞家人指点，他又乘舟去直塘的昙阳观寻找。走了一段水路，船来到直塘的一个小码头，李时珍乘坐的小船靠了岸，谁也不知道，此时从船上走下来的，就是今后妇孺皆知的医药家李时珍，他的行囊里放着的便是刚刚完成的医药学著作《本草纲目》。

王世贞对李时珍十分敬重，对《本草纲目》也很感兴趣。王世贞热情地在弇山园款待李时珍，同时希望李时珍能多留数日，两人谈笑风生。王世贞边捧读书稿，边与李时珍聊天，兴趣所至还猜起了药谜诗。王世贞曰："农夫日落出耕田，行到溪头无渡船；且在河边睡一觉，蓑衣箬笠护头边。"李时珍稍加思考，便挥毫写下黑牵牛、当归、宿沙、防风。接着李时珍笑着对王世贞说，我也有一首诗要请教："一株空心树，独生东篱边；病入膏肓处，九死一生还。"王世贞何等聪明之人，不无得意地笑着回答："这不是你书中记载的木通、黄花、没药、独活吗？"

在融洽的气氛里，王世贞答应待慢慢地看了书稿后，再为《本草纲目》作序，另外还写了《赠李时珍诗》，诗前题词："蕲州节先生见访之夕，即仙师上升时也，寻出所校定《纲目》求序，戏赠之。"诗中写道："李叟维肖直塘树，便睹仙真跨龙去。却出青囊肘后书，似求玄晏先生序。华阳真隐临欲仙，误注本草迟十年。何如但附贤郎鸟，羊角横抟上九天。"

诗中说，李老头瘦骨嶙峋，像极了直塘镇上的枯树，一副快成仙的样子，却还从行囊里拿出书稿来请我写序。当年华阳陶真人为了注《神农本草经》，耽误了十年成仙的机会。要是早将修本草的重任交与你家贤郎，岂不正好同我的先师一道入仙境。诗中带有几分诙谐幽默。但王世贞为《本草纲目》写序，一拖竟拖了十年。

李时珍在《本草纲目》中指出了许多药物的真正效用，如常山可治疟疾，延胡索能够止痛。他还举例说明为何日常生活中容易中毒，如用锡做盛酒器，因有些毒素能溶解于酒中，久而久之，会使饮酒的人慢性中毒。他看到旧医书中所说，穿山甲通过鳞甲来诱捕蚂蚁并吞食。他觉得奇怪，认为百闻不如一见，便找到一只活的穿山甲，仔细观察了它的生活规律，发现它是用舌头吃蚂蚁的。于是他又解剖了穿山甲的胃囊，发现里面竟有蚂蚁一升之多。

我翻看家中的《本草纲目》，发现了书中一些有趣的东西，其中记载了裤裆、头巾、裹脚布、死人枕席、日历、钟馗像、桃符、尿桶等种种日常用品，不是为了介绍它们的日常用途，而是为了说明把它们烧成灰或浸汁能治疗什么样的疾病，偏方不在少例。如将在上元节时偷来的富家灯盏放在床下，就能令人怀孕。李时珍在书中批判了水银"无毒",久服"成仙""长生"等说法,当时皇帝大臣都深信道士们的水银炼丹之术。王世贞隐居弇山园,以昙阳子为师,沉溺于道家长生成仙之术,还一度住进昙阳观,表示要"摒荤血,断笔观,与家庭绝"。李时珍的驳论,也许让正在"修仙"的王世贞产生了兴趣。

王世贞拿到《本草纲目》,并没有马上写序,而是把手稿留在家中十年之久,直到临终前才把序完成,这看上去又似乎与《金瓶梅》有关。有一味叫三七的中药,原产于云南,《本草纲目》是第一部收录这味药的医学著作。《本草纲目》问世之前,这味药在明代几乎不为人所知,而这味三七却出现在了《金瓶梅》中,能够了解这味药和它功效的人除了李时珍本人外,似乎就剩下为《本草纲目》写序的王世贞了。

弇山园内修仙记

春天的弇山园分外艳丽,我与家人时常来这里游玩,县府街与公园弄交叉口的小停车场早已人满为患。门外那两坛笑面花实在美丽多姿。现为3A景区的弇山园主要景观有宋代花纲石遗物"望海峰",明洪武年间开凿的"通海泉",元代大型"铁釜"以及"墨妙亭"等。另有"弇山堂""嘉树亭""小飞虹"等20多处景点。弇山园的旧址是南宋"海宁寺",前身是"妙莲庵",至今已有一千余年的历史,原为王世贞的私家园林。

私家花园的兴废,往往与主人的命运紧紧相连。王世贞先后居住过麋泾园、离薋园、小祇园、弇山园。坐落在牌楼的麋泾园是王世贞祖上的花园,其祖父王倬官居兵部右侍郎,告老还乡时,帝赐建"都宪""方伯"两座牌楼,后来此地渐成集市。王倬栽花植树,叠石立亭,辟地十余亩饲养当时已属珍稀物种的麋鹿,谓"为吴地冠"。同时,"感恩帝赐两牌楼,报德自挖一麋泾"。"麋泾园"之名遂不胫而走,名扬一时。

因王忬遭严氏父子陷害而被杀,王世贞与胞弟王世懋痛心扶柩回太仓,在墓地旁建筑茅屋守父丧三年,麋泾园便鹿死人散,没了往日的人气,由此渐渐衰败。西边是其伯父王憎的静安公山园,乃"非负危疴,峻风厉雨,未尝晷刻不之园",也随王憎过世而荡然无存。更凄楚的是,昔日麋泾园成了一片荒芜的河滩;园中楼阁瓦落,花木凋零,假山坍塌,杂草丛生。家庙也遭风剥雨蚀,满目疮痍,香火几近绝迹。王世贞伫立园中,睹物思人,惆怅难忍,于是决定另觅风水宝地重建祖园。

因王世贞母亲偕妇孺为避水灾和盗贼移居太仓城内，于是三年后在隆福寺西修筑了规模不算很大的离薋园。"出鹦鹉桥东第之左门不五步而渠，其水仅逾寻，然宛宛通官河。桥踞之，临桥而门，园故里朱氏之菜壤也，东西不能十余丈，南北三之。"王世贞在离薋园设宴欢送昆曲家梁辰鱼北游，没几年便改建了"小祗园"，并在小祗园内接待了汪道昆与戚继光等人。

对于弇山园，王世贞倾注了无数心血，耗费大量钱财，其撰写了洋洋七千余言的八章《弇山园记》，仍意犹未尽，遂又作《题弇园八记后》园记巨作。"弇山园亦名弇州园，占地七十余亩，与上海豫园相当。园外小溪潺潺，垂柳夹岸；其南为腴田数亩，麦寒禾暖之际，黄云铺野；其西有古墓，松柏古拙，再西是关帝庙，碧瓦雕甍。凡此种种，皆可辅弇山园之胜。"

王世贞邀请松江一代造园名家张南阳主持弇山园的建造，晚年的张南阳多次往来于豫园与弇山园之间。豫园的第一代主人潘允端与王世贞是好友，曾多次一同游豫园并作诗文以记之。豫园和弇山园都是张南阳一生的得意之作，所以这两座名园在艺术上颇有相通之处，堪称明后期造园艺术的代表作。弇山园在不断修改和增葺之中，终于再现了麋泾园的旖旎风光。

王世贞对他的弇山园极为欣赏与自负。他在《弇山园记》中说："弇之奇，果在水，水之奇，在月，故吾最后记水，以月之事终焉。"又说："宜花、宜月、宜有雪、宜雨、宜风、宜暑，是弇山园之胜。"在他的《游潘顾诸园毕自题弇园》中说："踏遍名园意未舒，大都京洛贵人居。穿钱作埒难调马，镂石铺池碍种鱼。似比幼舆输一壑，转令元亮爱吾庐。兴来呼得尖头艇，煨蚁烹鳞信所如。"

明隆庆四年（1570），王世贞不得不从太仓出发赴山西任提刑按察使，但母亲却忽染脾疾卧床不起，他一边陪侍母亲，一边"乞文者踵接"。由于王世贞的名气响，来访的客人络绎不绝，其中更有不少央请其写墓志铭、契约者，王世贞但凡来者不拒，并明码标价，这代笔写字收费也合情合理。他在给友人的信中就述说自己"忙碌不堪，困于酬答"。晚年王世贞几遭朝中弹劾，身心疲惫，便摒弃笔墨，在弇山园内修起道观，沉溺于仙道之事。

王世贞喜欢读书，也喜欢林泉园圃，人到晚年时又笃信佛教、道教，认为只要潜心修行就可以成仙。一次他读庄子《南华真经》，看到"大荒之西，弇州之北"的句子，非常喜欢。当时他虽不知弇州在何处，却十分神往。后来他又从《山海经·大荒西经》中读到"弇州之山，五彩之鸟，有轩辕之国，南栖为吉，不寿者乃八百岁"。于是他认定"弇山"是天帝、神仙居住的地方，便把自己的私家园林命名为"弇山园"，还自号为"弇州山人"。明万历十八年（1590），久病的王世贞在弇山园中安详去世，葬于牌楼祖坟，与父亲、胞弟长眠在一起。

明末，王世贞之孙王鉴40岁后罢官归里，在弇山园的西址构屋筑庵，过着极为清苦的生活。王时敏来访，为之题"染香"，即大家所知的染香庵。而后，王氏门庭衰败。据清乾隆时期的弇山园写生图可见，园中的湖石已出售一空，仅存几个平平的土岛，与全盛时期的弇山园相较，不可同日而语。清后期，弇山园为陆氏所有，改称水山陆家。旋又为蒋氏别业，民国后筑"平阳庄"内设碑廊。之后，原弇山堂屋架被南广寺用作造庙，1949年后拆庙移到西郊粮库，以后即不知去向。原址上建起了制药厂，老弇山园便在历史上画上句号。

世事多变，那些辉煌的时刻，总会被时间洗刷得无影无踪。如今的弇山园由人民公园改建而成。园内的墨妙亭中保存着当年王世贞收藏的唐代书法家褚遂良《枯树赋》真迹稿本刻本，这珍贵的明代刻本在弇山园荒败后转为吴梅村所有，收藏于樊泾村的吴氏宗祠内。历经劫难且难以恢复的弇山园碑廊，但在这仍能清晰可见石碑上刻着："昔年种柳，依依汉南。今看摇落，凄怆江潭，树犹如此，人何以堪！"潮起时风光，潮退时落寞。盛衰由命，那时茂盛的树木，如今都已成枯树，无迹可查，人亦如此。

（2014年4月发表于《金太仓》杂志"专化专栏"）

王锡爵:万历皇帝亲政时期的宰辅

小引:王锡爵(1534—1614),字元驭,号荆石,南直隶太仓(今属江苏)人,太仓历史上官位最高的一品大员。1584年至1590年任文渊阁大学士;1593年正月至1594年5月任武英殿、建极殿大学士。卒后,赠太保,谥文肃,赐葬,敕建专祠。

王锡爵名重一时

明末清初的文坛上,太仓州地界上有两个王氏家族可谓声名显赫。因其先世的发祥地不同,这两个家族分别被称为太原王氏和琅琊王氏。从晚明至清初,这两个王氏家族在科举、政治、文学、绘画等领域都卓有成就,是享誉当时的文化世族,就文学方面而言:主盟文坛四十年的文学领袖王世贞出自琅琊王氏家族,且族中其弟王世懋,其子王士骐、王士䎡以及王世懋之子王士骃、王士荣等人亦皆有文名。

太原王氏自王锡爵、王鼎爵兄弟名重一时起,王锡爵之子王衡、孙王时敏、曾孙王揆和王撰等人多能诗会画,有文集传世,故两个王氏家族可谓才士成群、代有传人。更重要的是,王世贞兄弟与王锡爵兄弟因"其名位、里居之相埒"而交游密切,且这种深厚的交谊,一直在娄东太原、琅琊两个王氏家族之间传承。两族中爱好文学的子弟,更是意气相投的诗侣文友,平日里诗酒唱酬,文学交流频繁。因此,他们同生共济,在文学领域发挥出家族文化的整体优势。将太仓两个王氏家族的诗人们作为一个群体加以研究,可以更清晰地勾勒出家族文学的发展与传承,发掘群体创作的共性与个性,也可以更集中地反映时代流风与个体文学之间的相互影响。

据王氏谱牒记载，王锡爵为北宋真宗时宰相王旦的后裔。元代时，王锡爵的祖辈为避战乱而南下，其中一支迁徙至现今的太仓浏河。王锡爵为太仓王氏第十一世孙。相传，王锡爵出生时，正巧有一群喜鹊飞集其家院宅，因古时"鹊"与"爵"通假，遂起名锡爵。王锡爵自幼聪明颖异，1558年乡试第四名，1562年壬戌科会试第一，廷试第二，授编修，累迁国子监祭酒，以谨慎严厉著称。1577年升詹事府詹事，并兼管翰林院、充任掌院学士。此时，户部侍郎李幼孜为了讨好张居正，提出"夺情"之议（即可以在职居丧不守孝），因与封建思想不符遭到众臣反对，明神宗却对翰林编修吴中行等夺职并廷杖，王锡爵向皇帝与张居正求情均无效，故只能为他们饯行。1578年，张居正回乡安葬父亲，不少官员联名请张居正回朝，王锡爵拒绝签名，并申请回家探亲，直到父亲病亡。

张居正去世后，受到反对派的疯狂攻击，明神宗也置张居正的丰功伟绩于不顾，一反常态，对他这位"恩师""先生"加以惩罚。张居正死后的第一年就被追夺官爵，第二年家产被充公，家属也被充军。明神宗召回了一大批当初反对张居正的人。当时很多朝臣都以诋毁张居正为自己捞取名利，而王锡爵却上书当权者，指出：张居正为相时干了很多有益的事，是有政绩的，不应该全盘否定，认为"江陵相业亦可观，宜少护以存国体"。1584年冬，王锡爵被召回朝中，拜为礼部尚书兼文渊阁大学士，成为宰辅。王锡爵一上任便奏请神宗：疏远谄媚之臣，禁止钻营求官，戒除虚浮，节约开支，广开言路。这些建议均被采纳，并受到神宗的褒奖。当初，李植、江东之与大臣申时行、杨巍等人相谋划，认为王锡爵在朝廷内外颇负时望，而且过去与张居正不合，所以力推王锡爵加入内阁。待王锡爵入阁后，他与申时行十分投机，反而出疏竭力排挤李植等人。当时申时行为首辅，许国次之，王锡爵位居第三，三人同为南方人，而且王锡爵与申时行又是同科、同郡，然而申时行生性柔和，王锡爵则性刚负气。

"三王并封"

1588年，王锡爵的儿子王衡参加顺天府乡试，位列第一。礼部郎官高桂、刑部主事饶申上章奏论，以为此科大臣子弟连连中选，恐有不公，请求复试举子。王锡爵十分气愤，连连上章为自己申辩，言语十分激愤。复试结果，王衡仍排第一。因此，饶申被逮下狱、除名，高桂贬斥边防。御史乔璧星请皇上戒谕王锡爵，务必要宽宏大量。王锡爵又上书为自己辩白。此事也给王锡爵带来了一些负面影响，使他的威望有所降低。当时群臣纷纷上章请明神宗早立皇储，以定国本，神宗皆不听。王锡爵上书建议神宗"勤御朝讲，日亲大臣，经常披阅章疏而早定根本"，神宗"温旨报闻"。1600年初，明神宗驾御毓德宫，召内阁辅臣进见。神宗牵着皇长子的手，用以说明他们父子二人关系很融洽，没有废长立幼的意思，大臣们连忙跪拜。

  1601年夏，因母亲患病，王锡爵请假探视，滞留不归。1604年，申时行、许国、王家屏相继离开内阁，宰辅空缺，明神宗遂又召王锡爵回朝，拜为首辅。此前神宗曾答应朝臣举行册立大典。朝臣们都在拭目以待。王锡爵密请皇上早做打算，神宗想出新的拖延理由，将三位皇子并封为王，数年后，如果皇后仍未生育，再行册立。王锡爵奉诏拟旨，提出了"三王并封"之说，即将长子常洛、三子常洵、五子常浩同时封为藩王，虚太子位以待。此说一出，举朝哗然。大臣们把矛头直指王锡爵，群臣弹劾之章如雪片般飞至，造成内阁与部臣间的矛盾日益激化。一日，王锡爵对顾宪成抱怨："当今所最怪者，庙堂之是非，天下必欲反之。"顾宪成立即反唇相讥道："吾见天下之是非，庙堂必欲反之耳！"后迫于公论，神宗不得不取消"三王并封"。

  1604年秋，皇太后生辰，明神宗接受群臣朝贺后，独召王锡爵于暖阁，王锡爵再次力请早定国本。神宗说："中宫有出，奈何？"锡爵言道："此说在十年前犹可，今元子已十三，尚何待？况自古至今，岂有子弟十三岁犹不读书者。"神宗听了很感动。1605年，神宗终于下诏，请皇长子出阁读书。礼节依太子出阁的旧制，举朝上下一片欣慰。王锡爵任首辅期间，曾奏请停止江南织造和江西陶器，减少云南贡金，出内库钱粮赈济河南饥民，神宗全都照准。他还解救过李沂，力争不用廷杖。以上做法受到朝臣一致称赞。但考察在京官员时，考功郎中赵南星因秉公罢黜了一些不合格的官员，这其中有大学士赵志皋的弟弟，也有王锡爵的旧属，于是内阁与部臣的关系再起冲突，结果神宗下旨将赵南星连降三级，调外任用，后竟革职为民。一大批为他上章呼冤的大臣也都受到贬谪。朝臣们自然认为这些都是首辅王锡爵的过错，认为是他一手操纵的，因此对他十分愤恨。王锡爵多次上章申辩无效，遂连上八疏辞去了相职，回乡养老。

  朝廷推举内阁大臣时，神宗虽然任用了于慎行、叶向高、李廷机，但仍惦念王锡爵，特加少保衔，遣官召他赴任。王锡爵三次婉辞不就，神宗坚持任用。当时言官们的势力很强，每日奏章不断，王锡爵遂进密帖给神宗，让神宗"于章奏一概留中，特鄙夷之如禽鸟之音"。言官们听说后，引起公愤。纷纷上章弹劾，并搬出此前"旧帐"。王锡爵本不准备就职，于是更加坚定决心在家养老。神宗虽然越加眷顾，王锡爵就是执意不出。三年后，王锡爵在家中病逝，享年77岁。朝廷赠他太保衔，赐谥号文肃。

敢于建言勇于直谏

王锡爵为官能以大局为重，勤政廉洁。当年以文渊阁大学士入阁，提出"禁诏谀、抑奔竞、戒虚浮、节侈靡、辟横议、简工作"六项建议。这些都是关系朝政的大事，都堪称是当务之急的大事，因此全为皇帝所采纳，并受到褒扬。他过于清介耿直，因而没能更好地发挥作用。《明史》概括王锡爵的性格特点，用了四个字"性刚负气"。性格刚直，应该说是一个人的优秀品德，难能可贵；但是，负气就有感情用事的成分，特别是作为朝廷大臣，应该考虑方方面面，绝不能感情用事。

王锡爵与申时行都是明万历皇帝亲政时期的宰辅，两人同是苏州人，但性格却完全不同：申时行忍辱负重，甘当"和事佬"，堪称苏州柔性政治家；王锡爵纯正直率，刚直负气。王锡爵与申时行的关系最为密切，两人有许多相同点：王、申两人同是1562年参加壬戌科会试的，一同参加殿试，同是一甲进士。申时行是一甲第一名状元，王锡爵紧随其后，是一甲第二名榜眼；王锡爵虽然屈居第二名，但他是会试第一名会元。王、申两人同在翰林，两人同是明万历朝的宰相，都官至首辅。另外，两人都有共同的爱好，喜欢昆曲，家里都养有戏班子，且戏班都有相当高的水平。明末，苏州一带士大夫家中蓄养戏班成风。王锡爵家的戏班请来昆曲创始人魏良辅的嫡传弟子赵瞻云和魏良辅的女婿张野塘指导，可见其档次之高。汤显祖的《牡丹亭》（又名《还魂记》）问世后，第一个演出该戏的便是王锡爵家的戏班子，演出达到了"曲尽其妙"之境界。而申时行家的"申班"也毫不逊色，尤以演《鲛绡记》最佳、最有名气，时有"申鲛绡"之誉。

王锡爵博学多识，著作有《王文肃集》五十三卷、附录二卷，《文肃奏草》二十三卷。王锡爵喜藏书，家有"赐书堂"，收藏书籍、书画甚富。王锡爵笔法秀颖，依稀有翡翠兰苕状，著名书法家董其昌称他"深于书。书尤深于唐碑。晚年犹悬碑刻满四壁，特不欲以书名耳。小楷清整秀劲，大可径寸者尤骨重脉和，特写合作"。

王锡爵独子王衡也是榜眼，人称"父子榜眼"。王衡自幼体弱多病，先于其父辞世，留下独子王时敏。王时敏自幼由祖父王锡爵抚养，祖孙感情甚笃，王时敏直到弱冠之年成婚后，才离开祖父独居。王时敏青出于蓝而胜于蓝，成为一代大画家，被誉为"国朝画苑领袖"，是"四王画派"的领衔人物，占据画坛正统地位近三百年。王时敏生有九子，个个都参加过科举，考中进士。其中最有名气的当属第八子王掞，清代官至大学士，因此人称"祖孙宰相""两世鼎甲"。王锡爵之子王衡、孙王时敏又荫赠一品，因此，又被称为"四代一品"。

王时敏的孙辈中最著名的当属次子王揆之子王原祁。王原祁因画艺著称于世，受到清康熙皇帝的青睐，与王时敏、王鉴、王翚合称"四王"，其画风对后世产生了深远影响。王锡爵的后代在太仓世代居住，其家族的影响力经久不衰。

王焘贞：飘落凡尘一朵云

小引：王焘贞（约1556—1579），出生于一个世代书香、钟鸣鼎食的显贵之家。父亲王锡爵是当时内阁首辅，礼部尚书兼文渊阁大学士。她天资聪颖、过目不忘，老师大名士陈眉公对其惊讶不已。她性格孤僻，落落寡欢。她订婚才三个月，未婚夫徐景韶就意外去世。从17岁起她就把自己完全封闭起来，行事越来越乖张。她诵习佛法，长斋受戒，成为居士。有一日，她突然顿悟，并且成功辟谷。自称昙鸾菩萨化身，号昙阳子。作为"仙师"的她轰动了整个江南。

牡丹亭里的杜丽娘

太仓的园花园每年四月都会举办牡丹节，在春色满园的牡丹园内，各种姿态的牡丹像一片片五彩的霞云，飘落在绿色的枝干上，红的绿的粉的紫的互相掩映。牡丹的美丽有种无法言说的气质，是宠辱不惊的淡然，是独一份的特别。浓淡两相宜，一袭华贵的雍容，令无数文人墨客为之倾倒。牡丹花下君子多，又有谁会得到它的眷恋。在花残叶落时，依然能保持其高贵姿态，哪怕枯萎的只剩下孤茎，也不放低自己。"牡丹花下死，做鬼也风流。"若然牡丹有情，也不可相濡以沫，谁也打不破花开花谢的定律。若然牡丹无情，离开是最好的选择，留下来却是寒心几多。

游览牡丹园时，会遇见一座玲珑塔，我时常会把它想象成《牡丹亭》中的小凉亭。那痴情的柳梦梅就在牡丹亭下约会杜丽娘，美好的爱情随时可能发生。四百年前就有了这样一个爱情故事。贫寒书生柳梦梅梦见在一座花园的梅树下立着一位佳人，说同他有姻缘之份，从此便经常思念她。南安太守杜宝之女名丽娘，才貌端妍，师从陈最良。一日，她从花园回来后在昏昏睡梦中见一书生持半枝垂柳前来求爱，两人在牡丹亭下幽会。

杜丽娘从此愁闷消瘦，一病不起。她在弥留之际要求母亲把她葬在花园的梅树下，嘱咐丫环春香将其自画像藏在太湖石底。其父杜宝升任淮阳安抚使，委托陈最良葬女并修建"梅花庵观"。三年后，柳梦梅赴京应试，借宿梅花庵观中，在太湖石下拾得杜丽娘画像，发现杜丽娘就是他梦中见到的佳人。杜丽娘魂游后园，和柳梦梅再度幽会。杜丽娘告诉柳梦梅掘墓开棺，她便能起死回生。复活后的杜丽娘与柳梦梅结为夫妻，两人前往临安。陈最良看到杜丽娘的坟墓被发掘，就告发柳梦梅犯有盗墓之罪。柳梦梅在临安应试后，受杜丽娘之托，送家信传报还魂喜讯，结果被杜宝囚禁。发榜后，柳梦梅由阶下囚一变而为状元，但杜宝拒不承认女儿的婚事，强迫杜丽娘离开柳梦梅，这场纠纷闹到皇帝面前，最终杜丽娘和柳梦梅两人成为眷属。

明末时期，苏州一带士大夫家里曾蓄养戏班成风。时任宰辅的王锡爵也十分喜欢昆曲，在家养有昆曲戏班子。王锡爵家的戏班请来昆曲名家赵瞻云和张野塘指导，且首演了汤显祖的《牡丹亭》。相传，早年汤显祖曾向王锡爵次女王焘贞提亲，不巧汤显祖袖子里跳出一只宠物小松鼠，王锡爵的朋友陈继儒认为汤显祖浮浪不庄重，从而否定了这门亲事。

王锡爵是汤显祖的座师，但是汤显祖在明万历十九年（1591）向皇帝上本抨击首辅申时行等朝廷大员，同时也间接批评了皇上。这引起了明神宗与申时行等人的极大愤怒。继任首辅的王锡爵也曾经被汤显祖上书抨击过，自然对他不甚喜欢，有意压制汤显祖，导致汤显祖在仕途上长期被排挤。而汤显祖跟王锡爵的好友王世贞观点也不相同，因此很不对眼。事涉朝廷党争，两边也是恩怨纠结的关系。

如果说《牡丹亭》中的杜丽娘是汤显祖想象中的王焘贞，似亦无不可。杜丽娘是一位才貌端妍、聪慧过人的官宦千金，能将《四书》逐一记诵，摹卫夫人书法几乎乱真。而王焘贞也善写小楷。《牡丹亭》虽然事涉荒唐，却无论如何不像是一出为了报复政敌而写的讽刺剧，汤显祖对此剧的珍爱非同寻常。据称，《牡丹亭》由王衡的戏班排练，在王锡爵家里上演，王锡爵看到戏中那个一梦而亡的少女，他是否会黯然怀念"仙去"的女儿呢？虽然对女儿生前不甚怜爱，但以父母之心，恐怕内心宁可她如杜丽娘般在某处复活嫁了个书生，也比年纪轻轻"白日飞升"的好。这个时刻，剧作者、剧中人、观众之间形成了微妙的心照不宣。

修仙为道的昙阳子

王焘贞是王锡爵的次女，自幼许配给了本邑直塘徐廷裸的儿子徐景韶为妻。徐廷裸于1559年考中进士，官至浙江布政司参议。王锡爵是1562年进士，尽管他后来官至大学士首辅，但在当时，两家也算是门当户对。然而不幸的是，徐景韶在1577年送过彩礼后仅三个月，即17岁那年因病而早夭，这对从小受封建礼教影响的王焘贞来说是个重大的精神打击，那年王焘贞也是17岁，两人是同年出生的，却从此阴阳永隔。

徐景韶死后，王焘贞闻此噩耗痛哭了三天三夜，赶制白衣麻鞋，一身素缟，为其服丧。还对其父王锡爵说：从此将以徐郎未亡人的身份出现。家人自然反对，但王焘贞主意已定，不为所动，并说出一些得道成仙的话语。现在看来，王焘贞可能是精神受了刺激后出现了某些不太正常的行为，但王锡爵知道女儿伤心，不忍刺激她，就作了让步。王焘贞从此开始一心修道，练气功，用辟谷功夫来绝食，她的辟谷成功，使家人大吃一惊，传出去后也使许多人视其为仙神。后来她索性自号昙阳子。

那时王世贞辞官在家，心情郁闷，见王焘贞如此年轻，不觉心动，加之王焘贞的那些玄乎理论，与王世贞的向佛向道心理也颇合拍，王世贞竟被王焘贞收为门徒。后来，王世贞的弟弟王世懋，以及冯梦龙、沈懋学、瞿汝稷、赵用贤、范守己等都拜在昙阳子门下，连当朝大官大名士耿定向、管志道、徐渭、沈德符、沈瓒等也表示了对昙阳子的认同态度，为她写传写文。

昙阳子可能思念徐郎太甚，"得道"后不仅可以从一而终，还能终结那种压抑人性的活寡生活。于是，她从为夫守节进而选择为夫殉节。聪明的王焘贞给自己找了一个借口，即"得道羽化"。明万历八年（1580）农历六月二十三日下午，昙阳子到直塘拜祭了徐景韶墓，焚化了朱符，行了八拜之礼。之后，她泪流满面，泣不成声。礼毕后，在墓附近的享室铺席而坐，再不肯回去。王锡爵无奈，为其造了昙阳恬澹观。到了农历九月初八，王焘贞再次祭了徐郎墓，并剪头发放于徐郎墓前，于第二天农历九月初九左手握剑，右手执拂尘，端立而瞑，年仅23岁。

昙阳观里的寂寞

昙阳子羽化的第二年，王世贞写出了《昙阳大师传》，收录于《弇州山人续稿》中。据《直塘史志》载：明万历八年（1580）建昙阳恬澹观于徐景韶墓之东老鸦浜，万历十一年（1583）建旌表贞节坊两座，一在太仓，一在直塘。昙阳子的墓在太仓直塘东南部七浦塘南岸。1966年时被平整掉。棺木为独幅雕成，棺的前方仅有方砖一块，无文字。据记载，早先墓前有甬道，有石人、石狮、石马、石羊等，正前方还有华表柱一根，墓四周植有松柏、冬青等。清代时，建昙阳观于南园内，香火甚众，在抗战时被废。

如今，昙阳子已仙逝数百年，回顾她短暂的一生，王焘贞是封建礼教的牺牲品，是爱情悲剧的主演者，或者说是爱情的殉道者。至于后来有些关于她的传记，写她从小就有得道成仙的想法，不想与徐景韶成婚，实在是经不起推敲的一面之词。当然，不能否认，昙阳子后期已带有某种宗教色彩，她不自觉地想融佛、道、儒为一家，或者说以释、道化儒，即王世贞在《昙阳大师传》中说的"超一涵三，唯吾大师"。其核心就是返璞归真，少私寡欲，恬静养性，淡泊养真。也许，王焘贞这个人物是有争议的，但作为一个封建时代的年轻女性，能造成如此影响，确实值得探讨。

其实，王焘贞是个既不美丽，也无才名，甚至不被宠爱的女子，险些被寂寞虚无的生活埋葬，她以一种别致得近乎惨烈的方式，证明了自己存在的意义——哪怕是毫无意义的"白日飞升"，这是她自己选定的命运，还是失控后的无可奈何呢？中国古代的女人想要留名青史，大抵只有两条路，一条是长得好看，另一条是有才艺会写诗。她是少数例外者之一。因为王焘贞体弱多病而面貌不美，不受宠爱，愈发内向，继而更不爱诗书女红，竟然转向了虚无的修仙。她并没有见过徐景韶，却执意为其守节，是真心笃信礼教，还是幻想破灭心灰意冷，还是要寻找一个逃避现实的契机呢？《牡丹亭》故事里，千金小姐因为压抑和寂寞，葬送了生命，当然杜丽娘是作为掌上明珠的大美女，与之相比，王焘贞在家族中的地位还要更低一些。

"原来姹紫嫣红开遍，似这般都付与断井颓垣。良辰美景奈何天，赏心乐事谁家院？朝飞暮卷，云霞翠轩，雨丝风片，烟波画船。锦屏人忒看得这韶光贱！"园花园里的牡丹正如《牡丹亭》中所唱，姹紫嫣红般的开遍整个花园，登上玲珑塔，俯瞰牡丹仙子，一位少女微笑着横卧在牡丹花丛中，恬然如王家的次女王焘贞，正享受着热闹中的寂寞，她在美丽中飘然而去，如天上缓缓而过的云彩。原来，你是从这里而来，是飘落凡尘的一朵云。

(2014 年 6 月发表于《金太仓》杂志"专化专栏")

赵宧光：寂寥寒山何所睹

小引：赵宧光（1559—1625），字凡夫，一字水臣，号广平，又号寒山梁鸿、墓下凡夫、寒山长。赵宧光作为王室后裔，却一生不仕，只以高士名冠吴中。他为山水而生，为山水而死，操守卓然，名动当时；他让南来北往的缙绅大夫热烈追捧；他让一代帝王乾隆六下江南临幸追怀，并作诗十六首盛加赞誉；他兼文学家、文字学家、书论家于一身，著书不下数万篇；他创新草篆体，其洋洋大观的《说文长笺》《六书长笺》《寒山帚谈》等使他成为"晚明孤峰"，是晚明文化成就的代表之一。

寒山多幽奇

苏州西部有一个白马涧。这里每年六月有翩翩起舞的桃花水母，沿龙池东行，蓦然可见御碑伫立，"明镜映云根"，这是清乾隆的手迹。"明镜"是眼前这龙池。"云根"便是云根泉。1751年的正月，阳光普照，微风拂煦，乾隆沿着洗心泉上溯，走到了云根泉，走进了寒山，自此一发不可收，一生六下江南。每次下江南，必访寒山。他爱寒山，几乎到了痴迷的程度。在这里他看到了寒山"千尺雪"，"为之流连，为之倚吟"，写下了著名的《寒山行千尺雪长句》。随后在北京西苍淑清院、承德避暑山庄、天津盘山仿造了三个"千尺雪"。如此的眷恋追逐，皆缘于赵宧光。

赵宧光，字凡夫。明万历二十二年（1594）的金秋，赵宧光来到寒山，依照他父亲的遗愿将其坟墓安葬在苏州枫桥寒山。在寒山守孝之际，赵宧光为寒山创造了别开生面的景象，用岩石山野的天然景观，自辟万壑，凿山劈石，依山而筑"寒山别墅"，宛如仙源异境，有盘陀、空空、化城、法螺等建筑，又有"千尺雪""云中庐""弹冠堂""绿云楼""弛烟驿""澄怀堂""清晖楼"等诸胜，使寒山成为苏州的桃源仙境。

于是，这里就有了赵宧光的寒山别墅。待寒山别墅造好后，他向妻子陆卿子发出邀请，携其一同来此守孝。陆卿子是书画家陆师道之女，以诗文名世，著有《考槃集》《云卧阁稿》《玄芝集》等书，与苏州留园主人徐泰时之女徐媛并称为"吴门二大家"。为记录自己经营寒山的初衷、过程、规模，以及他创造的胜迹、风光、情趣，赵宧光专门撰写了一篇《寒山志》，以留后人。赵宧光买下这座荒山，为它取名"寒山"之时，分明已经注入了自己人生的追求，所以他能携妻挈儿，"三十年不入市"，埋头建造寒山胜景。

赵宧光定居寒山后，就再没有离开过，并与其夫人在寒山埋头读书，深居简出，他们的墨迹写在纸上，也写在山石上，他们的手迹遍布岩上、岭上，书卷气就像江南氤氲的水汽，充盈了整座山岭。由于夫妇皆有名气，当有人登门求见时，宧光几乎不下山会客。

至今沿洗心泉侧御道朝上走，过飞鱼峡，在泉石上尚能依稀见到笔力雄健的"千尺雪"三字，这三字乃赵宧光亲笔手书，乾隆皇帝为此专门写下赞词："泉飞千尺雪千尺，山篆三字铭云峦。"

寒山多隐士

赵宧光是宋太宗赵炅第八子元俨的后裔。宋王室南渡时，留下一脉在吴郡太仓，便有了晚明时期吴郡充满人文色彩的赵氏一族。赵宧光原籍太仓璜泾，后与其妻陆卿子隐居于支硎之南，建"小宛堂"藏书其中。因藏有宋本《玉台新咏》一书，常熟藏书家冯舒、冯班、何大成三人，在寒冬飞雪之日，慕名前来借观抄录，三人自带纸、笔和干粮，借书昼夜抄录，用了四天抄成副本而归。

赵姓虽不是什么大姓，却是宋朝皇室之后。赵家出身贵族、生活富足，加之前人的荣耀，成为璜泾望族。赵宧光的父亲赵枢生为人厚重简默，虽屡征不仕，但博学众长，撰有《含玄子》一书传世。

赵宧光之子赵均，字灵均，从小随父亲学习"六书"，娶文徵明的孙女文淑为妻。赵均得家学真传，但凡见到幽花异卉、小虫飞蝶，都能信笔渲染，摹写逼真。于是，在寒山别墅中，赵氏父子研习篆学，姑诗妇画，谓之"吴门三秀"。清兵入关后，文徵明之子、文淑的父亲文从简也与赵家一起同隐于寒山。这座原先只是无名小山的寒山，多了这些文士高人隐居，自然吸引了文人墨客们的眼球，他们不断前往造访，吟咏诗篇传颂，使得寒山逐渐有了名气。

被称为"高士"的赵宦光有一精，他在研究篆书时掺入草书笔意，开"草篆"先河，练就了自己的风格，志趣不凡。"草篆"一改前人篆书结体紧密、笔画均匀的常态，不求规板平整，用笔亦有轻重、快慢、顿挫、转折之变化，并时有出锋牵丝连带上下笔，气韵贯通，书法字体灵便而活泼，这种草篆书法艺术曾为人所讥讽，却是返璞归真再现简牍篆书的神态，它对当时及后世篆书艺术的发展起了一定的启迪作用。

印学家傅山、画家朱耷、篆刻家邓石如，乃至国画家吴昌硕，多少都受到赵宦光的影响。晚明著名印学家朱简的篆刻，多采用赵宦光草篆体入印，在印章中强调草篆意趣而闻名于世。他曾摹秦汉玺印两千余方，以王侯印、官印、私印之序而编之，辑为《赵凡夫先生印谱》。赵宦光对读书人的要求是相当严格的，把只能死啃书本而没有自己见识的人，看作是"学究"。他认为能著述而笔下没有一手好字的人，算不上是高人学士；能写字，却不知取古人之长，仍是"野狐"。他认为，死守古人之法帖，不能遵循古人的创造精神，也不过是好书而不懂书的"俗调"。

寒山多著述

赵宦光久隐山林，终生不仕。其妻在《短歌行（二首）》中描绘了当时的情景："又不见华堂列绮筵，清歌杂妙舞，须臾烛尽乐无声，寂寂寥寥何所睹。"没有轻歌曼舞，每日就与寂寥相伴，她的心情如诗歌所写那般：人的一生很短，从古至今，若不珍惜那白日里的时光，很快就将走到生命的尽头，那时回头再想努力做些什么，无能为力。所以，赵宦光潜心研究学术。

他并不反对临仿，但讲究临仿的目的和方法。即使在仿帖之时，既要记住前人笔画，又不可"拘泥"前人笔画。随时注意变化并进行思考，这才是真正善于学书。他留有两句名言："字字取裁，家家勿用。"要从古人营造的优秀书迹中，一字一字地吸收，古人现成的形式，一家也不能照搬。他认为这才是"脱骨神丹"，只是这要有一个前提——精熟。

与同时代的一些书家不同，赵宦光认为不应只发展以"王羲之"为模式的实用书法。他觉得作为书家,要全面吸取营养,单打独造不成宏伟的艺术殿堂,学"古"就是为了出"古",而且学"书"之初就要有出"古"的思想准备,并非一般人所说的"书临百家自出新"。他主张把艺术格调与主体的审美理解、艺术功力修养等在书法形式上的表现联系起来。赵宧光的著作也颇为丰富,据《璜泾志略·艺文志》书目记载,其著作有一百余种,涵盖经学、训诂、书法、博古、天官、艺文、稗官等诸多领域,可见其治学之勤奋,学识之渊博。

乾隆为编撰《四库全书》,广罗天下佳作,偶然之际看到了苏州府核呈的赵宧光《寒山志》。这位帝王与这篇美文产生了强烈共鸣,第一次南巡到苏州,便提出要去寒山游览,并为赵宧光创造的辉煌文化所惊叹。

乾隆沉湎于已经破落的山岭,在峰岗、奇石、坡道、石台、丘壑、楼阁、摩崖间流连忘返,并为"千尺雪"瀑布写下了著名的《寒山行千尺雪长句》。此后的 33 年间,乾隆又五次南巡到寒山,写出了 44 首寒山诗,其中 16 首更是直接称颂赵宧光。这些御笔此后都被镌刻成碑,成为吴郡文化的一大奇观。而"寒山别墅",也由苏州府重修,成为享有盛名的"皇宫岭"。

此后数百年间,对赵宧光的追捧成为一大文化现象。缙绅大夫、文人骚客只要来到苏州,必访赵宧光的踪迹,因此留下诗篇数千,赵宧光也成为众多学者著述中的楷模。

(2016 年 2 月发表于《金太仓》杂志"专化专栏")

王在晋：可能挽救大明王朝的人

小引：王在晋（约1570—1643），字明初，号岵云，江苏太仓人，明代官员、学者。明万历二十年（1592）进士。历官中书舍人、江西布政使、右副都御史、兵部侍郎、南京兵部尚书、兵部尚书。在魏阉逆案中因参与纂修《三朝要典》受到一定牵连。大学士韩爌等云："以上三十人，俱应补入谄附定罪。"著有《岵云集》《三朝辽事实录》《越镌》等。

王在晋的战术谋略

明朝末年，天降灾变，北方干旱导致粮食大规模减产，引发了许多问题，边患也频频发作，后金在辽东叛乱，这些都是明朝廷必须解决的问题。当然，这些问题最后非但没有得到解决，而且越发严重，最终导致了明朝的灭亡。此前，关于明朝灭亡有许多观点，比如崇祯的问题、三饷的问题、李自成的问题、后金的问题，等等，但笔者认为，最根本的问题或许是财政问题，是策略问题。

这里所说的策略问题，主要是明朝在辽东战场上的策略问题。当时，关于辽东问题，明朝采取了长期消耗的策略，即在关外大兴土木，在宁远、锦州这些地方修筑城池，打造所谓的"关宁锦"防线，"以辽人守辽土"，试图保卫京师不受后金威胁。

这个策略的主导者是孙承宗。据史书记载，孙承宗对于设置"关宁锦"防线的策略在于：故随辽人之便安插于两卫三所二十七堡间，以土屯土。曰以辽人守辽土养辽人，使关外之备稍足，则关内之防稍减。况守在关以内则备浅薄，守在宁远则山海已在重关，神京遂在千里之外，今天下亦尝计及此乎。

然而，孙承宗的策略在军事上犯了常识性错误。当时要剿灭后金，先决条件是在野战中击溃后金军，这个先决条件首先并没有达成，而在不具备这个先决条件的前提下，聚集再多的军队都是没有意义的，只能采取守势，可是孙承宗却主张出击。

此时的孙承宗完全理解不了王在晋所提出的稳守山海关的策略，所以他主张要战，还要"人人在战，事事在战"，但当时的情况不容乐观，五万多溃军能守住山海关就不错了。撵走王在晋之后，主张要战的孙大人却总是不出战，可人马依然不减，这令人难以理解。

要战就拉出去打，一举歼灭，速战速决；要守就必须按照长期持续的情况来准备，节省开支，让日常经费降到最低，这样才能让已经非常吃力的朝廷财政有喘息的机会。但孙承宗却反其道而行，他大规模增兵添饷之后，非但不出战，还大兴土木，两头开销，费用必将高得离谱，最终耗尽了明朝微薄的财政。依据孙承宗的策略，每年的开销至少达五百万两白银，从1622年延续到1644年，在辽东白费了上亿两白银，可最终的结果却是后金经常到关内劫掠，这跟孙承宗"守在宁远则山海已在重关，神京遂在千里之外"的初衷是完全背离的。

因此可以认为，孙承宗在关外大兴土木、大肆扩军的策略是完全失败的，这个失败不仅仅是战术上的失败，更是战略上的失败，它输掉的是大明王朝最后一丝希望，上亿的白银白白断送在了这里。为了修建防线，崇祯皇帝不得不一再加饷，可依然无法弥补辽东这个无底洞。由于辽东用度太大，朝廷不得不拆东墙补西墙，于是西北各镇的粮饷长期欠发，因此导致了后来大规模的士兵哗变，这才引出了李自成起兵反抗，而李自成虽然趁着朝廷财政崩溃可以打进北京，但也无力整合财政崩溃的局面，所以又被后金乘虚而入，最终导致了明朝灭亡的悲剧。

了解了孙承宗错误策略的可怕之后，王在晋的远见卓识马上就显现出来了。

最终未能挽救大明王朝

1622年，王在晋至辽东担任辽东经略，他一到辽东就采取了防守的策略，加固山海关，减少各项用度，团结附近蒙古部落，将山海关变成天堑。王在晋之所以有这样的认识和措施，是因为他在上任辽东经略之前，负责过整个辽东的军需供应，官职是"总理户、兵、工三部侍郎"。在任期间，他发现辽东吞噬了朝廷大量的财政收入，好比一个无底洞，所以他立志，一旦当上辽东经略，一定要削减辽东的开支。

王在晋在军事上是个内行，并且非常懂得军事和经济之间的关系，他在兵员和费用的使用上比孙承宗高明很多。孙承宗最有名的策略是所谓"以辽人守辽土"，现在看来，就是就地取材，好像有些道理，但这是书生的看法，用这样的策略绝对解决不了辽东问题。当时，在辽东作战有两种选择：一是用客兵，就是征集外地兵员作战；二是用士兵，就是以本地兵员作战。这两种区别在于，士兵只能守卫，不能进攻，而客兵才可进攻。

当时，辽东镇的开销已经超过了北方九大边镇军费的总和，可一开战还需要其他军镇支援。此外，士兵屯田之后会就地安家，而一旦安家再调遣这些士兵离开妻儿老小和家里的坛坛罐罐，去远征后金腹地，那是不可能的，所以只有用客兵才能有效进攻。

因此，王在晋建议用少量的兵力守住山海关，待时机成熟时，再增加大量客兵，一举歼灭后金。

如果采取王在晋的策略，首先可以保证明朝财政不至于崩溃，进而不会引发以李自成为首的溃兵哗变以及其他问题，能安定军心与民心，还可以积蓄力量，伺机解决辽东问题。

虽然王在晋在天启朝时失去了辽东经略的职务，没有机会改变历史，但在崇祯朝开初的时候，他作为兵部尚书，有解决辽东问题的机会。崇祯时期，虽然辽东的局面已经很糟糕了，明朝的财政也被损耗得非常厉害，但如果及时调整政策，还是有一丝希望的。这时候必须抓紧做好两件事：一是做好和蓟镇附近蒙古部落的联络工作，支持东江镇，共同做好对后金的牵制；二是逐步收缩辽东的防线，不再大兴土木。可惜王在晋的主张遭到了反对，最终酿成明朝灭亡的悲剧。

王在晋与《历代山陵考》

王在晋对于国家财力被无度挥霍是十分痛恨的，他在《历代山陵考》中记录下了帝王的铺张浪费。《历代山陵考》有两卷，上卷记载两京各省陵墓、国朝遣祭及葬义；下卷记载考订历代山陵纪事及杂记。《历代山陵考》对各地的陵墓做了简要介绍：北京有燕昭王冢、辽章宗陵、金太祖陵、颛顼陵、庆都陵、宋三陵、盘古墓、河间献王墓、唐祖陵、赵王冢、石勒墓、孤竹三冢等。杭州府有吴王夫差墓、吴国王子庆忌墓、孙钟墓、济王墓等。明代曾对各地的陵墓进行过大规模调查。据《国朝遗祭》记载："洪武三年（1370）遣官访历代帝王陵庙，令具图以进，四年遣使祭历代帝王陵寝。天顺八年（1464）令各处帝王陵寝被人毁发者，所在有司即时修理如旧，仍令附近人民一丁看护，免其差役。"

《历代山陵纪事》记载了从三代至宋的建陵大事，如"三代以前无墓祭，至秦始起寝殿于墓侧，汉因秦陵，上皆有园寝……魏文帝革上陵之礼"。《历代山陵杂记》记载传闻奇说，如"汉水出鲋鱼之山，帝颛顼葬于阳，九嫔葬于阴，四蛇卫之"。"齐桓公墓在临淄县南二十一里牛山上，亦名鼎足山，一名牛首冈，一所三坟。晋永嘉末人发之，初得版，次得水银，池有气，不得入，经数日乃牵犬入，中金蠿数十薄珠襦玉匣绘彩军器，不可胜数，又以人殉葬，骨肉狼藉。""吴王阖闾有女自杀，阖闾痛之甚，葬于邦西阊门外，凿地为池，积土为山，文石为棺椁，金鼎玉杯银樽珠襦之宝，皆以送女。"由此可见历代统治者是多么奢侈。

1644年，明朝因财政崩溃而轰然倒塌，这在1622年王在晋出镇山海关时就有所察觉，如果当时王在晋能继续担任辽东径略一职，或许能让当时的明王朝在财政上有喘息之机，避免落入财政枯竭的死弯。可惜，孙承宗撵走王在晋后大肆造办、扩军备战、大兴土木，致使国库空虚，无力支撑，从而导致了接下来的一系列悲剧，直至明朝灭亡。

汪关：以汉印为名的印痴

小引：汪关，字尹子，安徽歙县人，生卒年不详，约活动于明万历、崇祯（1573—1644）年间。他是明代著名篆刻家，流寓娄东。对汉印独有所钟。他以冲刀法直追秦汉铸印，开创了一种不同于"徽派"何震的工整典雅的新格局。他的印章取法汉铜印和玉印，刀法稳重而灵动，章法分间布白，严整茂密。此种精到的篆刻工艺，演绎出典雅秀逸的篆刻风格，人称"娄东派"。

篆刻是门手艺活

手无缚鸡之力的女人对于篆刻这门力气活儿，大多避而远之。就算有喜欢书法与国画的女性爱好者，苦于无印章可用时，也不会想到自己拿起钢刀，雕刻一枚闲章自用。篆刻需要两件工具：一是石头，二是钢刀。石头坚硬又有棱，钢刀锋利又沉重，这两物可谓都不讨女人喜欢。学习书法多年的我，对于篆刻反而与平常的女书友不同，除习字以外，常磨钢刀，以力锯石。

篆刻看似寥寥几刀，可经过这些年的实践，我总觉不简单。特别是对于手持钢刀的推石之力，尤难掌握。若用力少了，线条软滑刻不下去；若用力多了，一刀下去，不是石崩就是线裂，由此无法继续篆刻的石头，亦不在少数。作为初学者往往达不到游刃有余之度，而治印不成。几经篆刻失败后，师傅告诉我，《宝印斋印式》中明人汪关的刻篆法特别秀美。我遂对照临摹、研习。

流寓至太仓的篆刻家汪关原是安徽歙县人。其初名为东阳，字杲叔，他40岁的时候在苏州偶得一枚汉代龟钮铜，上面印有"汪关"二字，此枚铜印古锈斑驳，堪为汉代私印中之精品。他欣喜若狂，遂改名为"汪关"。有了此名之后，他又去拜访书画篆刻家李流芳，请李流芳为自己改字号。李流芳根据西周函谷关令尹喜的典故与《关尹子》书名，为他取字"尹子"。

早年，汪关留恋于"吹台酒垆，一掷千金"。他家境殷实，酷好古文奇字，收藏金玉、玛瑙、铜印不下二百方，罗列于案几，时时摩挲把玩。因他喜欢篆刻，又常练习刻印，练就了非同一般的技法。可好景不长，随着汪关双亲离世，家中又遭遇祸端，致使他不得不过上背井离乡的生活，他珍藏的古印在此期间也遗失大半。

自来到太仓定居后，他混迹于江南士大夫之间，加入了印人之列。从悠闲安逸的富家子弟，沦落为靠一技之长糊口的手工艺者，虽经历了跌宕起伏的人生道路，但对印章依旧十分痴迷。他为其室取名"宝印斋"。当时李流芳对汪关的篆刻颇为欣赏，唯一遗憾的是，他认为，汪关篆刻手艺精湛，但没什么名气，称其："杲叔贫而痴，足迹不出海隅，世无知之者。"

汪关为王时敏治印

太仓"四王"之一的王时敏偏爱汪关治印，为求汪关一章，煞费苦心。从汪关自辑的印谱《宝印斋印式》中的印主名录来看，王时敏的印呈回文格式布列，"王"字选用最简洁字体，笔画干净利落，与斜角处"敏"字开成疏密形成对比。印线圆起圆收，湿润敦厚。印线中间的线条则时断时续，充满意趣。

当时，如陈继儒、董其昌、文震孟、李流芳、冯时可、归昌世、钱谦益、毛晋、吴伟业等活跃在江南一带的著名士人、书画家的用印皆出自汪关之手。汪关曾为太仓大藏印家张灏的"学山堂客"刻印，因其癖好印章，世有"大小痴"之誉称。汪关篆刻的印章精纯典雅，富有书卷气息，与当时士大夫的审美标准与情趣相契合。于是他得到了同籍名士程嘉燧的大力推荐，遂声名鹊起。

因明末时期的篆刻艺人崇尚秦汉玺印，他们追求、摹拟的多是此类古印风格。这让汪关窥出机关，力图摆脱当时篆刻家文彭、何震两人风格的束缚，直追汉人真面。他篆法精整章法工稳，用刀细腻又重修饰。朱文线条取法铸印浇铸后的效果，在交叉处多留"焊接点"，这些圆融的"焊接点"能在流动的线条间起着凝练、厚实的调节作用，也成为其独特的创造。

汪关完美又精准地表现出汉代篆印、四灵印、朱白相间印等印章的古典风貌，所刻印章眉清目秀，雍容华贵，成为明代印人中不染时俗，追摹汉法而能形神兼备、气韵雅妍的集大成者。当时明末的印坛群星绚烂，能一刀在握使气象万千者，非以下五人莫属：文彭者堪称领袖，何震者雄猛无比，苏宣者豪侠仗义，朱简者身形矫健，而汪关之精严缜密则足以独树吴地。

古代文人与篆刻

自篆刻这门技艺诞生之日起，就与文人有着密切联系，古代文人从第一方印章的制作开始，便对文人的品位与意趣起到很重要的作用。原先公文上用的印只是作为交易、传递文书、界定归属权等的证明，或表示鉴定，或用作签署的文具。

自秦国统一六国后，规定皇帝的印独称"玺"，臣民只称"印"。汉代也有诸侯王、王太后称为"玺"的。唐武则天时因觉得"玺"与"死"近音，而改称为"宝"。古代基本上可分为官印和私印两类，制作材质有金属、木头、石头、玉石等，特别是铜印材较之其他印材的优点是经久耐用，传世性强。文人的印章均为私印，讲究的是艺术性。

治印者对书法都十分重视，印章之所以被历代知识阶层所推崇、喜爱，也正是由于它的美术鉴赏性。许多印人兼工诗书画，常常取用一些典故成语、诗词佳句或者俚俗语言作为闲章内容，往往出奇制胜，饶有情趣和意味。印章的章法就是字与字、行与行之间的位置安排和整体布局。符合情理的章法能给人以高品位的享受。基本章法是平衡、老实、大方、端正，而汉印章法大多根基于此，文人则进一步要求印章的自然生动、饶有情趣，这样才可供赏玩。

上古印章，极少署款。明代文徵明长子文彭，则以双刀行书款开了风气，此后的印家各显身手，使印章边款迅速上升为印章艺术的重要组成部分，起到同绘画题跋一样的作用。按照钟鼎等铭文的称法，"款是阴字凹入者，识是阳字挺出者"，但是在印章领域，不论阴阳，通常统称为边款或款识。在款识的刻制上，也同样显示出印家们精彩的刀法和高超美妙的书法境界。

钤拓精美的印谱也是文人们喜爱之物，考究的印谱装帧素雅，纸选用净皮绵宣、单宣或连史纸，每页每印每款，朱丹玄墨、交相辉映，令人赏心悦目。印谱除了观赏外，还可临习、研讨，因而成为鉴赏收藏的必备物品。就在清道光之前，大家还都是只用印泥朱拓印章，并不用墨拓款识，直到西泠印章艺术昌盛繁荣的晚期，才有林云楼以拓碑帖的方法为赵之深墨拓印款，置于印谱后面，此后大家都来仿效，蔚然成风。

创冲刀制印法

汪关的篆刻之所以得文人喜爱，缘于他的篆刻技法尽得汉印真髓，以汉篆参以秦篆入印，求其神形兼备，光洁圆浑，用刀渊静润秀、温文尔雅，精细之处见情趣。笪重光在《书筏》中评其篆刻"画能如金刀之割尽，白始如玉尺之量齐"。其朱文线条交叉处留有粗圆的榫接点，白文善以并笔增加印面的虚实呼应，有雍容平和、纯正规整和堂皇醇厚之美。

他以冲刀治印，直追秦汉铸印，印风明快，刀法稳实，布局谨严，章法工稳停匀而富有变化。篆刻白文时，他刻意仿汉，规矩工稳，恬静秀美，在工稳中再现汉印自然的情趣，在精严下摈弃雕饰之气，成功地运用印文的并笔、破边手段，发展了篆刻技法。其特点是追溯汉法纯净典雅，刀法流畅富有凝练之美。

汪关运用的"冲刀"法，作品妍雅精严擅美。所谓"冲刀"法，是指刀角入石后，按一定的方向运刀冲进，要求指与腕密切配合，犹如"以刀代笔"。汪关刻"子孙非我有，委蜕而已矣"印款，为明代印人首创以"双刀"法刻隶书，这是先在石章写上款字，然后依墨下刀，每一笔都双面用刀的技法。

明万历年间，当时引领印坛风骚的两个人是汪关和朱简。朱简运用"切刀"法，是刀柄在一起一伏的连续动作下，一个刀痕接一个刀痕连缀而成的篆刻方法，其作品以险峭写意见长。而汪关的印作工整朴茂、空灵含蓄，正是由于他在"冲刀"法上的大胆革新，使"切刀""冲刀"两法成为后世治印的两类最基本的运刀技法。

汪关专攻汉铸印、汉玉印，取法严谨工整的汉印面目。其治印能上追汉铸印的静穆、含蓄之气，用刀光润、稳健、含蓄。如他的白文"徐沂私印""王与稽氏"，表现出浑融儒雅、静逸冲和、古穆持重，较之于明代其他仿汉者，少了些薄露之时弊。朱文印"王节之印"则是从汉朱文印蜕化而出的，线条中锋挺拔、含蓄，方中有圆，浑穆有致，极少露出刻刀转折的痕迹。

汪关治印为了使印章达到光洁挺拔的效果，采用爽利流畅的"冲刀"法，并成功地运用并笔、破边手段，形成了个人风格。在《印人传·书沈石民印章前》提到，文彭之后分两派继承发展，"以猛利参者何雪渔""以和平参者汪尹子"，将汪关与何震二人并称，能得文氏真髓，可见对其评价极高，这也不枉汪关对篆刻的一番痴情。

（2017年6月发表于《金太仓》杂志"专化专栏"）

徐上瀛：弹得一手好琴的武举人

小引：徐上瀛（约1582—1662），别名青山，号石泛山人，汉族，江苏娄东（太仓）人，明末著名琴家，"虞山琴派"代表人物。他年轻时满怀从政热情，胸怀"济世"之志，曾两次参加武举考试，但都未得到主考官的赏识，只得作罢。当时娄东一带擅操琴者不少，徐上瀛受环境影响，迷上了弹奏古琴。他虽出自虞山派，却博采众派之长，对虞山派的琴学有很大贡献，被誉为"今世之伯乐"。

雕琢今为器

人生如梦，也如琴曲。"泠泠七弦上，静听松风寒。古调虽自爱，今人多不弹。"这是刘长卿《听弹琴》中的诗句，用在现代，实在非常贴切。七弦琴依旧在，但静听松风寒的心境全无，古调虽听来自然古朴，但如今会弹之人寥若晨星，与琴日夜相伴的日子，自是远去了。

我学习古琴的想法源于创作的散文集《锦瑟无端五十弦》，在文字间游走，让我有了驾驭它的能力，但少了感情的文字，怎么读都显苍白。亲身经历学琴过程，如同与古人作一次穿越式的对话。我很小的时候，曾向老艺人学习过二胡，对于古典民乐可以说是从小浸润。最喜欢琵琶曲《春江花月夜》，它是一首抒情写意的文曲，旋律雅致优美，富于江南水乡情调，以柔婉的旋律、安宁的情调，描绘出人间的良辰美景：暮鼓送走夕阳，箫声迎来圆月的傍晚；人们泛着轻舟，荡漾于春江之上；两岸青山叠翠，花枝弄影；水面波心荡月，桨橹留声，这首曲在我听来是美满的意境。在江南地区还会听到这样的民间小曲，叫《紫竹调》。

喜欢古典文化可能是我的天性，我尝试着在自己的古琴散文集中配上了一些原创插图，并为此自刻了一枚印章，后又加入了与琴有关的摄影作品。因想为这本书配上琴图，我便去采访了一些制琴老艺人，其中有位斫琴匠人，对我的触动很深。他凭着一生与木材打交道的经验，凭着经年的手艺和人生的积淀，凭着对古琴的满腔喜好，花费半年时间，完成了他的第一张手制古琴，他对于制琴的态度，近乎于古人的端庄与郑重。他自幼学习木工，又长年从事机械木模制作，对木材纹理、软硬了如指掌，因此处理极为细致。他说，古琴是自然所赐，古人削桐为琴，是天工造化的神奇，令琴富有自然的品格。

太仓璜泾镇还有一对父子斫琴师，即陈振才、陈红父子。1995年，沪上著名古琴演奏家龚一教授打算在太仓南园恢复大还阁，想找工匠制作一批古琴，慕名找到老木匠陈振才。在认识龚一教授之前，陈振才从未接触过古琴，对于如何制作古琴更是一窍不通，而龚一教授尽管是古琴演奏名家，但对斫琴技艺同样毫无经验。不过，龚一不遗余力地帮助陈振才，不仅提供古琴给陈振才拆开参考，还亲自到故宫寻找斫琴的各种文献。陈振才、陈红父子原本是老木匠和司机，现经过20多年的不懈摸索与钻研，两人的斫琴技艺日渐纯熟。

"左琴右书"

素有"中华第一琴楼"之称的大还阁古琴馆处于太仓南园，这是为了纪念明代古琴大师徐上瀛（别名青山）而建的，主建筑为两层楼，除正厅外，辟有四间琴室。在古琴历史上，严澂和徐上瀛是两座高峰。相传明万历年间太仓操琴之风蔚然，时值徐上瀛两次参加武举考试都未能得到主考官的赏识，为排遣烦闷，徐上瀛遂弃武学琴，先师从太仓著名琴家陈爱桐之子陈星源，后又向陈爱桐的入室弟子张渭川学琴，接着又拜常熟人严澂为师。由于得名师指导，其琴艺有了长足进步。后来，徐上瀛与陈星源、严澂、赵应良、陈禹道等人结成了琴川琴社，人称"虞山琴派"，实际上琴社的主要骨干都是太仓人。

徐上瀛特别擅长弹奏当时流行的《汉宫秋》。一次偶然的机会，京城的官吏陆符听了徐上瀛弹琴后，问他是否愿意进京效力。徐上瀛喜出望外，连连夸耀自己的武艺。不料，陆符连连摇头说："不是看中你的武艺，而是看中你的琴艺。"接着，陆符又对他说："崇祯皇帝很喜欢弹琴，他弹的《汉宫秋》，远不如你弹的气韵生动，富有感情，我想把你介绍到皇宫，为皇家效力。"徐上瀛听后，觉得能有机会赴京也是难得事，于是便答应下来，回去忙着整顿行装准备随陆符进京。可是，徐上瀛还未来得及出发，京城已处于绝境，他此行只得作罢。

他年轻时，满怀从政热情，有一腔报国之心，胸怀"济世"之志，明崇祯十七年（1644）甲申之变，崇祯帝自缢于煤山，吴三桂引清军入关，举国上下仁人志士纷纷投身于抗清大军之中。徐上瀛弃琴仗剑，亲自到军中，请求北上抗清，因"使者不能与俱，留以佐守长江"。这不是徐上瀛的初衷，于是便辞谢而去。不久，清军大举南下，占据江南。明清易代残酷的社会现实逼迫他发出愤懑不平的呐喊，他曾称赞屈原《离骚》说："深有得于忠愤之志，直与三闾大夫在天之灵千古映合。"这正是他当时心情的真实写照。

徐上瀛因有一身武艺欲参加抗清未果，遂隐居苏州穹窿山，决意不仕。他不愿与清朝廷合作，布衣蔬食，甘于贫贱，收徒授琴，著书立说。徐上瀛经常与琴友们在一起探讨琴学理论，切磋操琴技艺，并注意广收博采，取长补短。经过多年的实践和总结，辑成了《大还阁琴谱》一书，共收琴曲32首，指法详明，谱法自成一体。主张琴曲慢快并重，不可偏废，强调音调节奏须有轻重缓急之致，急而不乱，多而不繁。他将《雉朝飞》《乌夜啼》《潇湘水云》等因节奏急促而受到严澂轻视的优秀名曲收入该集。

这是继《松弦馆琴谱》之后虞山琴派的又一重要琴谱。同时，他在严澂提倡的"清""微""淡""远"四字琴学理论的基础上，又取诸家之长而别创一格，提出了二十四字要诀，系统而详尽地阐述了运指、用力、取音等弹琴要点和琴学的美学原则，丰富和发展了虞山琴派，被奉为准则，对后来的琴学理论发展有相当大的影响。

士无故不撤琴瑟

徐上瀛琴艺卓有成就，他的琴学和"虞山琴派"的创始人严澂同出一源，都是来自陈爱桐的传统。但是他俩的演奏风格和审美观不同。严澂偏爱慢曲，反对快速的琴曲，包括《潇湘水云》《雉朝飞》《乌夜啼》等。所以，严澂编撰的《松弦馆琴谱》剔除了这些曲目。徐上瀛则不然，他在《溪山琴况》中指出："若迟而无速，则何以为结构？"的确，单纯片面强调徐与迟，完全排斥快速，在一个曲调中就难以形成结构。为了结构的需要，即便是快速，也应当分成不同的层次："速无大小，则亦不见其灵机。"由于徐上瀛从实践到理论弥补了严澂的缺陷，所以胡洵龙在《诚一堂琴谱》中肯定了严澂的成就之后，接着又指出，"青山踵武其后，稍为变通"，"徐疾成备，今古并宜"。

徐上瀛是"虞山琴派"的代表人物，他学风严谨，自成一体，达到了较高的弹奏水平。他总结辑成的《大还阁琴谱》一书，是我国古代琴艺界的瑰宝。他逝世前，曾将手稿交给学生夏溥保存。1673年，夏溥得到当时爱好琴艺的清朝刑部侍郎蔡毓荣的资助，以《大还阁琴谱》之名刊印传世。《大还阁琴谱》别称《青山琴谱》。

和其他艺术领域一样，古琴艺术领域也存在着多种艺术观点和演奏风格的流派。同一琴派的共同特点，取决于地方色彩、师承渊源、本派所依据的传谱、琴学观点及基本演奏风格。古琴家们各自遵循某些琴道，形成一定的琴家群。不同的琴家，对琴文化的理解自然受其天资、性格、个人修养、思想境界、心理状态的影响。随着理解的不同，流露于指下的神韵各异，形成不同的艺术风格。

明清之际最有影响的琴派为"虞山琴派"，此琴派因常熟的虞山而得名。虞山之下有一条河叫琴川，严澂组织的琴社命名为"琴川社"，所以也称"琴川派"。常熟的地方琴人很多，受到"浙派"古琴世家"徐门"的影响。当时徐和仲的父亲徐梦吉，曾在常熟教过书。以后又有著名琴师陈爱桐，严澂就是向他的儿子陈星源学琴的。据说，严澂还向一个不知名的樵夫学过琴，严澂为樵夫起了一个名字叫徐亦仙。他继承了当地的琴学，又吸收了京师名手沈音的长处。用他自己的话说："以沈之长，辅琴川之遗，亦以琴川之长，辅沈之遗。"

所以，在同一地域的琴家，相互切磋琴艺，加之民风相近，往往性格相近，较易形成默契，形成相同或相近的理解和风格，最终形成琴派。北宋时，亦有京师、两浙、江南等流派，并有著录评价说："京师过于刚劲，江南失于轻浮，惟两浙质而不野，文而不史。"到了明朝，江、浙、闽派也有了很大影响力。如明朝刘珠所说："习闽操者百无一二，习江操者十或三四，习浙操者十或六七。"明末清初以后，以至现代，才出现了"虞山""广陵""浦城""泛川""九嶷""诸城""梅庵""岭南"等著名琴派，呈现出百家齐鸣的古琴艺术盛景，这对古琴文化的传播和发展起了很强的推动作用。

"我有嘉宾，鼓瑟鼓琴"

太仓的古琴可追根溯源至明代文人张岱《琅嬛文集》中记录的一张他收藏的古断纹琴，在琴底的龙池凤沼之间镌刻着一句琴铭，"吾与尔言，尔亦予诺"。琴人与琴有着与生俱来的亲近和深入骨髓的了然。在琴史上无法绕过《溪山琴况》，而为古琴美学贡献这本集大成之作者，就是徐上瀛。徐上瀛与其师友一起结社抚琴，影响了琴坛三百多年。

远在先秦时期，我国就有了多种多样的乐器。如浙江余姚河姆渡遗址中出土的骨哨即制作于新石器时代，最早的笛子是河南舞阳县的贾湖骨笛。周代时，就根据乐器的不同制作材料分成金、石、丝、竹、匏、土、革、木八类，并一直沿用"八音"分类。古琴属"八音"中的"丝"，音域宽广，音色深沉，余音悠远。最常见的古琴一般为单人独奏，也有几件拉弦乐器和弹拨乐器一起合奏的丝弦乐合奏。乐曲多数为短小的抒情曲，以优美、抒情、质朴、文雅见长，适于室内演奏，风格细腻。

《诗经·周南·关雎》："窈窕淑女，琴瑟友之。"汉民族在三千年前就有神农作琴、黄帝造琴、唐尧造琴等传说。古籍记载舜定琴为五弦，文王增一弦，武王伐纣又增一弦为七弦。周朝时，古琴除用于郊庙祭祀、朝会、典礼等雅乐外，也盛兴于民间，它有标志音律的十三个徽，亦为礼器和乐律法器。在古代，出名的有"四大名琴"，其中周代的名琴"号钟"，琴音洪亮，犹如钟声激荡，号角长鸣，令人震耳欲聋；"绕梁"琴是一位叫华元的人献给楚庄王的礼物；"绿绮"琴是汉代著名文人司马相如的一张琴；"焦尾"琴，在《后汉书·蔡邕传》中云："吴人有烧桐以爨者，邕闻火烈之声。知其良木，因请而裁为琴，果有美音，而其尾犹焦，故时人名曰焦尾琴焉。"后称之为"焦桐"。除此，还有唐代"春雷""九霄环佩""大圣遗音""独幽""太古遗音"，以及明代"奔雷"，被后人称为十大名琴。

古琴曲的传世之作也皆应心声，虽然秦汉时的鼓吹乐，魏晋的清商乐，隋唐时的琵琶音乐，宋代的细乐、清乐，元明时的十番锣鼓、弦索等，演奏形式丰富多样，但从中国十大古典名曲中看，除《春江花月夜》《十面埋伏》两首为传统琵琶曲外，《高山流水》《汉宫秋月》《阳春白雪》《渔樵问答》《胡笳十八拍》《广陵散》《平沙落雁》《梅花三弄》八首均为古琴曲。

古琴从诞生之日起，似乎就是寂寞的。孔子酷爱弹古琴，在杏坛讲学或受困时，操琴弦歌之声不绝；伯牙和子期通过《高山》《流水》才觅得知音；魏晋时期的嵇康给予古琴"众器之中，琴德最优"的至高评价，终以在刑场上弹奏《广陵散》作为生命的绝唱；唐代文人刘禹锡则在他的名篇《陋室铭》中为我们勾勒出一幅"可以调素琴、阅金经。无丝竹之乱耳，无案牍之劳形"的淡泊境界。

我最喜欢的古琴曲为《梅花引》，此曲借物咏怀，通过梅花的洁白、芬芳和耐寒等特征，来歌颂具有高尚节操的人。此曲最早是东晋时桓伊所奏的笛曲，全曲表现了梅花清新高洁、傲雪凌霜的高尚品性。所谓梅花"三弄"是"一弄叫月""二弄穿云""三弄横江"。"琴者，情也；琴者，禁也。"因古琴的"清""和""淡""雅"寄寓了文人风凌傲骨、超凡脱俗的处世心态。而中国的传统艺术讲究"气""韵""神"，对于武艺上乘的徐上瀛来讲，是将中国武术中的"气"运用在古琴的调协弹奏中，达到将有生命性的物质化作精神的效果，令其浑然一体。

（2017年2月发表于《金太仓》杂志"专化专栏"）

王时敏:"娄东"大时代

小引:王时敏(1592—1680),初名赞虞,字逊之,号烟客,自号偶谐道人,晚号西庐老人等,明末清初画家。他是首辅王锡爵之孙,翰林王衡的独子。他在崇祯初以荫官太常寺卿,故被人称为"王奉常"。他擅山水,专师黄公望,笔墨含蓄,苍润松秀,浑厚清逸。他的画在清代影响极大,王翚、吴历及其孙子王原祁均得其亲授。他开创了山水画的"娄东派",与王鉴、王翚、王原祁并称"四王",外加恽寿平、吴历,合称"清六家"。

建造最倾心西庐园

城西门外六七里有一片"古木青波相映,芳草鲜花葱茏"的绿意葱葱的公园。周末或闲暇时会有很多游人前去休憩,长长竹廊环绕,悠悠水波荡漾。在水面上建有亭台与楼榭,在树林的小径上有野花芬芳。走累了,可坐在竹廊桥内观鱼赏花,听松涛与风声,想古人之风雅,品今人的闲情。也可和家人朋友一起垂钓、野炊、烧烤……这里就是太仓西庐园,是明末清初著名画家王时敏晚年归里所筑的田园式别墅,是当年王时敏与诸多画家聚会、赋诗、作画的地方。西庐园几经沉浮,它的足迹已被历史掩埋。为再现其往日风雅风貌,西庐园于21世纪初被重建。

据《西庐记》记载,西庐者太仓王奉常逊之之别墅,在西门外,人田错互;豆篱映望;内有农庆堂、稻香庵、霞外阁、锦镜湖西田诸胜。一方水土养一方人。在官宦世家长大的王时敏,祖父王锡爵是明朝万历年间内阁首辅,家族富于收藏,对宋、元名迹无不精研。父亲王衡在1601年举行的会试中获第二,授编修,是诗文俱称的名家。王时敏的儿子王掞官至清文渊阁大学士兼礼部尚书,长孙王原祁官至清翰林院掌院学士、户部左侍郎,也是一位山水画大师。王时敏家族都以《春秋》学应举起家。

王时敏23岁时,生母周氏劝说王时敏放弃科举,接受随祖父德业而来的恩荫,走仕宦之路。王时敏为官十年后奉诏出使中州事毕,于归家途中作《自警文》,文中充满了对官场钩心斗角与稍不小心即朝不保夕之戒慎恐惧。但身处官场,他不得不迎合当时并不如意的官场环境。唯一能让王时敏解除内心困扰的办法就是求助于山水画。他在《仿古山水图册》中写道:"每当烦懑交并,无可奈何,辄一弄笔以自遣。"

在明代有个趋向,画家都喜欢造园,有了钱就买宅子,买了宅子就在宅院后面建造花园,像文徵明、沈周都很擅长造园,王时敏也擅长造园,他家产大,园子占地面积也更多。

王锡爵过世之前把他最好的园子——南园给了王时敏,王家的很多房产也由王时敏继承。他在中年时扩建了祖父留下的南园,南园原是王锡爵种梅花的地方,还没有太多的经营,也没有盖很多的亭台楼阁,王时敏就建了绣雪堂、潭影轩、香涛阁等,这些地方都是他写诗、作文、会友的场所。

1620年,王时敏扩建了东园,当时园子的面积很大,里面建了许多建筑。造园不仅要种植物、造桥,还要有亭台、楼宇以及活动的场所,这些设计都是由王时敏亲自操作的。王时敏造园的特点是"叠石穿池,亭台竹树,颇堪游赏",并疏密有致。王时敏擅长造园,其中最倾心的是于晚年建造的西园,花费了四五十千金在里面建了很多厅堂,这也是王时敏晚年作画的地方,《西庐画跋》《西庐遗稿》都在这里完成。

追逐幻梦般《秋山图》

明末画家曾鲸画过王时敏25岁时的肖像,从画中可以看出王时敏很聪慧,但是身体单薄。事实上,王时敏一生虽然长寿,但是身体一直不好,因此他一直很注意养身,反而长寿了。他年老时的肖像和年轻时候的模样还是一样,很瘦,只不过添了皱纹而已。王时敏平时不经常出门,也很少出远门,大多数时间就待在家里。他的身体状况比较差,常常服用中药。那时出门要么坐船走水路,要么坐轿子走旱路,途中熬药就是一个大问题,因为一副担子要挑他用的东西,一副要挑药罐、药具和中草药,走到哪里都要吃药,很不方便,所以他不能游览三山五岳，跟身体不好有很大关系。

王时敏画山很大程度上要依靠画谱里面的山，他学了很多黄公望画山的手法，然后又学了他老师董其昌画山的手法。董其昌曾经画了类似于《集古树石图》的画卷给王时敏，让王时敏用以临摹，王时敏所画的许多树都来自这里。董其昌告诉他，树谱有其一套独特的表现手法，并指导他如何画树的结构、主干、支干、分支和怎么加叶子。王时敏所画的树都来自董其昌的本子，比较一下他的画跟董其昌的画，董其昌画的古树，虽然有些扭曲但生长得很自然，而王时敏画的古树就不如其自然。

董其昌年长王时敏三十余岁，两人有四世之交。王时敏的父亲王衡与董其昌、陈继儒都是好朋友。董其昌认为生平所见的黄公望最好的画作是《秋山图》。王时敏请董其昌写了书信，并且带了钱和书，去润州看《秋山图》，他想把画买下来。但到了这家人门前却看到一片荒凉，院门深锁，院子里面杂草丛生。他就觉得奇怪，这个地方哪里像收藏黄公望名迹的所在。过了不久，这家的仆人把大门打开，把黄公望的《秋山图》拿出来给王时敏看，"一展示间，骇心动目"，王时敏对这张画的感觉非常强烈，他看出黄公望企图用蓝绿色调来写丛林、红叶，非常绮丽。

王时敏看到这幅画之后，就变得食不知味、神舍无主。第二天他找了个说客带着很多钱去买这张画，但主人说这是他酷爱的一幅画，不出让。于是王时敏当天就回去了。之后又一次经过那里，他想去看画，而画主人出门了，仆人根本不给他看，更别说买到画了。几年之后，他对王石谷说："你知道《秋山图》吗？"于是就讲了这个故事，王石谷听后很动心，他请王时敏写介绍信想去看《秋山图》。但是，最初收藏画的主人早已过世，王石谷到处询问，最终打听到这幅画在吴三桂的亲戚王长安的家里。

王石谷约上王时敏到王长安家去看画，王长安知道王石谷是很有名的画家，把家里收藏的铜器、法书、名画都拿了出来。那一天，王石谷看到被挂起来的《秋山图》后，反而有点失望。他觉得画并没有像王时敏对他讲的那么好，也未让他有惊心动目的感觉。不久，王时敏的船也到了，王时敏先询问王石谷看到画了没有，那张画怎么样。王石谷便道这张画并不怎么样，劝王时敏去看画的时候不要说不好，以免主人伤心。过了一段时间，等到王时敏看完了画，主人希望王时敏叫好时，却没有听到一个"好"字。

摹古开创"娄东派"

王时敏自幼走上了摹古的道路,这与董其昌的教导分不开。他力追古法,刻意师古,作画无一不得古人精髓。王时敏摹古人画,形体、样式甚似,但与古人的意境不同,这主要是源于他们精神气质迥异。王时敏习古人笔法时,更严谨、更认真、更规矩,相对来说作的画也就刻板了一些,但是也有他的匠心所在。王时敏将清初山水画的临古之风发挥到了极致。他的《山水》扇面虽是临古之作,但又能集众家所长,浑然一体,画得很有味道。

他早年画作均按宋元古画原迹临写而成,笔墨精细淡雅,已见临摹功力。王时敏早、中期的画,风格比较工细清秀,如37岁作的《云壑烟滩图轴》,干笔湿笔互用,兼施以醇厚的墨色,用黄公望而杂以高克恭皴笔,具有苍浑而秀嫩的韵味。42岁时所作《长白山图卷》,则用笔细润,墨色清淡,意境疏简,更多董其昌笔韵。至晚年,画风更多苍劲浑厚之趣。如84岁作的《山水轴》,峰峦数叠,树丛浓郁,勾线空灵,苔点细密,皴笔干湿浓淡相间,皴擦点染兼用,具有苍老而又清润的艺术特色。

王时敏的山水画临古水平之高,令人生叹。暂且不论他在中国山水画史上的地位如何,单其"一意摹古,反对创新"的思想就对后来中国画的发展影响深远。《仙山楼阁图》是王时敏为贺友人之母七十寿辰而作。画面上峰峦叠嶂,林木葱郁,流泉曲绕,长松挺立。山谷中点缀着茅亭草舍,环境清幽。画中烟岚起伏,云雾环山,增加了画的高远感与深远感,同时产生虚实对比,使全图笼罩在朦胧飘逸的氛围之中,宛若仙境。《南山积翠图》画面布置有序,层次井然,笔墨清隽秀润,沉静淡雅,毫无躁气,具有温厚而博大之美。作品淡雅温润,工整精细,清润有余而苍茫不逮。他不仅以古法进行创作,而且还将它作为评判作品的标准。

王时敏的传世作品有《仿山樵山水图》《层峦叠嶂图》《雅宜山斋图》等,并著有《西田集》《疑年录汇编》《西庐诗草》等。王时敏兼工隶书,榜书亦负盛名。王时敏的出现,成功开创了"娄东派",并为"娄东派"的崛起奠定了坚实的基础。王时敏的作品在立意、布局、运笔、色彩、线条等方面都达到了登峰造极的地步,在中国画海中是一朵瑰丽的奇葩。同时以他为首的"娄东派"声势浩大,左右艺林,在整个清代画坛占有统治地位,为后人敬仰。

后人把王时敏与王鉴、王翚、王原祁合称为"四王";再加吴历、恽寿平,称为"清六家"。同时,以地域划分,把"四王"中的太仓人王时敏、王鉴、王原祁及其传人称为"娄东派"。

(2014年2月发表于《金太仓》杂志"专化专栏")

薄少君：此恨不关风与月

小引：薄少君，字西真，公元1596年前后在世。她是沈承的继室，既会弹琴，又擅长诗文。她常诵读佛书而不食荤腥。她与沈承是一对平民夫妇，却以一支至情之笔真切细腻地记录了生活中的不幸遭遇。在她怀孕七个月时，丈夫沈承去世，在百日之后产下遗腹子。悲痛难抑的她怀抱婴儿，在丈夫周年忌日上，一气呵成100首悼亡诗，著成《嫠泣集》一卷。

悲之铮铮

常言道："生死有命，富贵在天。"在春秋时期，诸子百家就开始对人类的生死问题提出了一个定论，就是："如果生死为人类之大事，既有生，就一定有死。"孔子曾曰："爱之欲其生，恶之欲其死；既欲其生，又欲其死，是惑也。"孟子也曾曰："所欲有甚于生者……所恶有甚于死者。"可见自古以来，人们都有这样的概念：好生恶死。

诚然，人之生死，不能随人爱恶而定。但中国的传统思想，往往受儒、释、道的影响，始终对死亡采取否定、蒙蔽的负面态度，甚至在言语中所提及的都是不幸和恐惧的象征。对死亡讳莫如深，使人们无法在日常生活中接受死亡，当面对死亡时，也较多地表现出恐惧，不能坦然地面对现实。

生和死不过是生理变化的过程，理应顺其自然。当人活着时，不能体验死。当人死后，又无法言说死亡的体验。现代人更多地把死亡当作一种自然的归宿，死和生都是一种自然现象，这是不可抗拒的自然法则，生命的宝贵就在于它的唯一性和不可逆性。

对于薄少君一家人来说，生死所具有的意义非同常人。她与沈承养育的长女阿震在四岁时夭亡,相隔仅十天,两岁的次女阿巽又夭折了。受丧女之痛折磨的薄少君,再次怀孕七个月时,丈夫得痢疾不愈而病逝。命运对于薄少君是不公的,她诵读佛文,戒除荤腥,守欲而独处。她将自己与沈承的遗腹子"寄养"在太仓的文学家张溥的家中,取名沈忱。两年后文学家张采将第三个女儿许配给薄少君的遗孤沈忱。

然而不幸的命运再一次降临到这个多灾多难的女子身上,明崇祯五年(1632)壬申时,8岁的沈忱殁于京师。连丧三子,又失去丈夫,对薄少君来说痛彻肺腑。"海内风流一瞬倾,彼苍难问古今争。哭君莫作秋闺怨,《薤露》须歌铁板声。"在《嫠泣集》中,她所言的是铮铮之声的悲情与痛苦,似对她自己的生活、命运、情感进行坚强的抵抗,而非一般诗句中的缠绵哀怨。

《嫠泣集》收入薄少君悼亡诗百首,实录81首。首列张溥原序、张治生《沈君烈轶闻》两文,后录顾师轼原跋、唐文治《书〈沈即山先生诗文钞〉后》。

即山诗文钞

薄少君的丈夫沈承虽然频繁参加科举考试,但始终没有成功。师友尊长多劝其稍通刺问关节,营治家产,但他都一一谢绝。州郡中的士大夫捐给他家的财物,也总是力辞不接纳,在古学衰替之际,他日益沉湎于经传古文之韵。张溥在《即山诗文钞·序》中对他们夫妇的道德文章也有极高的评价:"(君烈)性通深廉雅,耻受人高埠之蔽。与妇薄孺人静居一志……两人以高素相友。所居败堞不垩,苇草苔支饰,旷然弗以寄意。"

沈承所著的《即山诗文钞》分为文钞和诗钞两部。文钞又分上下两卷。上卷收策论10篇,下卷录序碑铭赞29篇。诗钞存60题,计83首。薄少君的《嫠泣集》收录悼亡诗百首。《即山诗文钞》与《嫠泣集》的作者沈承和薄少君只是一对平民夫妇。他们以一支至情之笔真切细腻地记录了他们生活中的不幸遭遇,成为世间少有的悲情绝唱。

在《祭震女文》一文中,沈承用血泪写出了一个父亲在经历女儿出生、抚育、死亡过程中的心灵颤音。起笔交代长女阿震不幸夭亡的时间、病因及葬地,随后叙述他的妻子薄氏的哀鸣之状。也就在阿震病故的十天后,她的妹妹阿巽也因同样的疾病夭折。这时候,薄氏又一次催促君烈写诔词,痛失两位爱女，让他撕心裂肺，难以下笔。

此文中以大量的细节描写，刻画了他们女儿的聪慧、纯真、可爱和病痛。至文末，无微不至地教着这个年仅4岁的女儿阿震，到了阴间，可以和妹妹做伴，可以寻找你的祖母和亲生母亲顾氏照应；见到冥王，要拱手哀求：我还很年幼，我没有什么过错，我生长在清贫人家，甘心粗茶淡饭，桌上的饭粒我都会捡起，我怕雷公公的劈打；衣衫鞋履我也小心爱惜，生怕沾上一点尘土。神仙要是有所诛杀，就看在我还年幼的面上，饶了我吧。这是父亲一字一血地叮咛女儿道：你只可以这样做啊，千万不要哭泣哀号。地府之中，不像在家里。文至此就已感天动地，令人泪飞如雨。

在沈承的《即山诗文钞》中，有一篇《文体策》，论及文体，主张平平常常就是好文体。沈承以人体比文体，说："体之于人也，寻常焉而已……则安其性命之情者，惟寻常焉而已。就寻常人之体，而能为天下不寻常之人，是乃所谓俊人也、神人也。就寻常文之体，而能为天下不寻常之文，是乃所谓奇文也，至文也。"这里所说的"文体"，是指文章的体貌，而不是指体裁。沈承认为影响文体的是人的心灵。"夫文章，天之灵气也，人之灵心也。"在他看来，有灵心，平平实实写来，就是好文章。

悲情薄少君

薄少君的丈夫沈承是一个未入仕的秀才，年未四十而亡，其文学思想未能得到传颂和发扬，令人慨叹。沈承死后，薄氏有哭夫诗百首，收为《嫠泣集》。今见附于《即山集》之后，作《悼亡诗》。有句云："水次鳞居接苇萧，鱼喧米哄晚来朝。河梁日暮行人少，犹望君归过板桥。"素朴犹如口语。从《悼亡诗》中，可见沈承夫妇之间的浓情深意。"七战金陵气不降，可怜杰士殉寒窗。"可知沈承七次应乡试皆败北。写其家贫："家计如君未是贫，清泉满釜不生尘。穿厨野雀分余饮，便是君家闯席宾。"写思念之深："鹏程冠佩渐高寒，想见丰仪欲画难。心似莲花肠似雪，神如秋水气如兰。""检君筐箧理残书，欲认籖题泪转霏。忽听履声窗外至，回头欲语却还非。"如闻履声，欲语还非，思念之深，尽在此中。而心似莲花一联，则言思念之深，不仅在其仪容，且亦眷念其心地之纯美，"神如秋水气如兰"。

物是人非，情辞哀婉。"上帝征贤相紫宸，赋楼何足屈君身。仙才天上原来少,故取凡间学道人。"一方面高度赞美夫君的出众才华,将君烈的离世看作是寻找用武之地。另一方面,又怒斥妒贤嫉能的卑劣:"场中无命莫论文,有鬼能遮秉鉴人。却怪君文遮不得,故将奇疾杀君身。"她为君烈生前未及得见孩儿一面感到悲伤,又为日后孩儿能从父亲留下的书中了解父亲而感到宽慰:"三十无儿君惝然,邻婴偶过见犹怜。今虽有子留君后,不结生前一面缘。"为此,她决心耗尽心血,保存好君烈的遗著:"长吉遗文遭涸劫,化书千载误齐邱。君今一字无遗散,留向寒山问石头。"

薄少君有着诗人特有的细腻情感,大自然的每一丝声音、每一片哗动,都会引起她的情思,望眼欲穿地盼望亲人能够归来:"孤馆秋声疏雨过,月明穿梦眼如梭。无端寒雁一声唳,不是思君恨已多。"梦醒之后,她以唐代常山太守颜杲卿与战国樊於期为比拟,昭示了她对世间男儿宁死不屈、虽死犹生精神的礼赞和向往。由此,她对生命也有了一番彻悟。人生本是短暂,比起永恒的宇宙来,这样的消亡再平常不过,哪还有什么值得悲伤之处:"君听哀词意勿悲,伤蟠吊槿亦何为。仙人一局沧桑变,百岁原同几著棋。"

薄少君以云水襟怀抒写悼亡之情,悲歌慷慨,惊心动魄,荡气回肠。也正如《玉镜阳秋》所评论的那样:"少君以奇情奇笔,畅写奇痛,时作达语,时为谑言,庄骚之外,别辟异境。"读薄氏的悼亡诗,令人感觉文字质素而感情深挚真纯。此种审美趣味,正是沈承所说的于平平常常中表现不平常、有灵心的好诗。夫妇审美趣味相同,想来他们当时亦常相对论诗,"去年此地床头月,正是同君夜话时"。

(2016年6月发表于《金太仓》杂志"专化专栏")

张溥：明代复社领袖

小引：张溥（1602—1641），初字乾度，后字天如，号西铭，直隶太仓（今属江苏）人，明代文学家。明崇祯进士，选庶吉士，自幼发奋读书，《明史》上记有他"七录七焚"的佳话。与同乡张采齐名，合称"娄东两人"。张溥曾与郡中名士结为复社，评议时政，是东林党与阉党斗争的继续。张溥在文学方面，推崇"前后七子"的理论，主张复古，又以"务为有用"相号召。一生著作宏丰，编述三千余卷，涉及文、史、经学各个学科，精通诗词，尤擅散文、时论。代表作有《五人墓碑记》。

江南士子

一介书生张溥，成长于晚明风雨飘摇的时代。他满怀一腔热血，继东林而起，联合正义之士，组织和主持文人团体复社，欲撑起摇摇欲坠的明朝。他于23岁时在苏州创立应社，团结了吴中有抱负的文人；26岁愤而作《五人墓碑记》，风神摇曳，正气浩然，矛头直指腐败的明王朝的宦官和贪官；27岁入太学，目击朝纲不振，丑类猖狂，与北京文人结成燕台社，作檄文揭发阉党罪行；28岁又召集了尹山大会，在会上，张溥倡导合大江南北文人社团为复社，关心国家政事和民族兴亡。明崇祯六年（1633），32岁的张溥主盟召开著名的虎丘大会。"山左（西）、江左（西）、晋、楚、闽、浙以舟车至者数千人。"他站在千人石上登高一呼，群起响应，朝野震惊。

在当时，复社成员几乎遍及国内，共三千多人，著名的爱国文人陈子龙、夏允彝、侯岐曾、杨廷枢、顾炎武、归庄、陆世仪、瞿式耜、文震孟等都是社内中坚，苏州一带的文人入盟最多，他们有的在朝，有的在野，结成了浩荡的政治力量。由于张溥等人的筹划和努力，当时的文人士气大振。一扫"宁坐视社稷之沦胥，而不肯破除门户之角立"的明时士习，打破门户之见，以国家为重，年轻的张溥在阉势熏天的日子里，不计危殆，挺身而出，振臂而呼，树起了以文会友的旗帜，来绾结天下士人的心。他匡扶正义的勇气，歆动天下。然而，这只是书生意气，他在幕后操纵朝政，反被高官大臣利用，聪明反被聪明误，抱着遗恨而死，年仅四十，留下了值得后人深思的无数问号。

张溥生于苏州太仓。幼年时，家中财产被身为工部尚书的兄长张辅之凌夺、讼争，父亲张虚宇郁郁而死。张溥因为庶出（其父与婢女所生），家族中人都看不起他，连家中的奴仆也讥笑他"塌蒲屦儿何能为"。但张溥不妄自菲薄，他洒血书壁，暗暗发誓要自强不息，与好友张采日夜在家苦读，并对经典不惮，一而再、再而三地抄录、默诵，直到能够流利背诵为止。著名的"七录斋"的故事由此产生。明天启四年（1624），张溥与江南文人在苏州创立应社，人员有张采、杨廷枢、杨彝、顾梦麟、朱隗、吴昌时等十一人，后来又发展夏允彝、陈子龙、吴应箕等加入，以文会友，兼议朝政。他们崇尚气节，欲在明末的风云变幻中有所作为。应社诸人就是未来复社的骨干。

因苏州周顺昌被捕，于平民百姓间奋起五人，为周顺昌鸣不平，结果五人皆不屈而死。张溥在五人墓前，"扼腕墓道，发其志士之悲哉"，哀痛五人墓只是块无字石，便写下了著名的《五人墓碑记》。文中赞扬五人"激昂大义，蹈死不顾"，这也是他自己的写照。事后他对张采说："我们这些人应当为国事奉献自己的生命。"他在北京结燕台社，吴江结复社，都是"目击丑类猖狂，正绪衰歇"，忧国忧民，指出应对污浊的政治进行反抗，伸张正义。自复社建立后，他们更是连连发起驱逐阉党骨干顾秉谦等人的行动。

明末，朝廷中高官斗争激烈，大学士像车轮似的转换。复社兴起时，周延儒为首辅，他是张溥考取进士的宗师，复社中有许多人都出自他的门下。周延儒便利用了这支力量。其实周延儒内心对东林党与复社均无好感，甚至还有些仇恨。后来，周延儒被罢官，温体仁当上了首辅。他早就将复社和张溥视为眼中钉，在他的授意下，其弟温育仁、吴炳等作了《绿牡丹传奇》，讥诮复社，故意挑衅。如今他一朝成为首辅，自然就快意恩仇了，不久就策动属下伺机陷害张溥、张采。张溥会试中会魁，授庶吉士，为官守正不阿，不为权贵所容，"执政要人耿耿视"，温体仁等在皇上面前累进谗言，并与同党的刑部侍郎等指使人炮制出《复社首恶紊乱漕规逐官杀弁朋党蔑旨疏》，又托名制《复社十大罪檄》，说张溥以天如为名号是把自己比作天，并说复社欲倾覆宗社，并将自然界的风蝗之灾附会说是因复社招致。复社也不甘示弱，朝中有黄道周等大臣同情复社，复社又集"宇内名宿"，作《留都防乱公揭》揭露阉党，双方斗争激烈，几乎势均力敌。不久，温体仁被多疑的崇祯帝罢官，后来又被赐死。时人《题壮悔堂集》有句云："传奇最爱《桃花扇》，谁唱温家《绿牡丹》。"褒贬自见。张溥等复社成员累受挫折，误以为只要能推出老师周延儒，就可以改变大局，于是全力推动周延儒复出。"太仓张溥为门户计，鸠金二十万赂要津，宜兴（指周延儒）得再召。"周延儒的东山再起，全靠张溥的幕后活动，正在这个时候，周延儒在江南将人家的妇女据为己有，被张溥抓住把柄。因此，张溥就"以数事要（胁迫）之"，将话挑明：我动用了人力物力，您如果复出，必须改变以前的作为，这样才可以重新获得大家的信任。周延儒也一口答应。

复社之人朝政一新

明崇祯六年（1633）六月，周延儒与温体仁的斗争达到白热化，结果以周延儒被罢、温体仁继任首辅而告终。这时温体仁弟温育仁欲求入社，不许，遂指使宜兴吴炳作《绿牡丹传奇》，描写复社选文选字之丑态，并命梨园搬演，广为宣传，温体仁由此首开攻讦复社之端。浙江社友深感耻辱，致书张溥和张采，要求洗刷，两人专程赴浙会见学臣黎元宽。

第二年的十二月，黎元宽听从了张溥、张采二人的意见，将诬陷他们的人进行革职。

明崇祯十三年（1640）四月，有托名为徐怀丹者作《复社十大罪檄》，诬两人倡复社，"下乱群情，上摇国是"。檄中所捏十罪为：僭拟天王、妄称先圣、煽聚朋党、妨贤树权、招集匪人、伤风败俗、谤讪横议、污坏品行、窃位失节、召寇致灾。其实所加十罪，除三、四两款恰恰说明复社声气之广、威望之重外，其余无一事有真凭实据。同月，黄道周被捕下狱。张溥历来以文章气谊为重，与朋友周笃，闻友患难如身受，遂与陈子龙等急议谋解，愿"倾身家图之"，以事未成而深感愧对黄道周先生。

崇祯十四年（1641）九月，周延儒复为首辅，朝政确实有所更新。张溥兴奋异常，与复社同仁研究了改革国事现状的许多主张，到处议论朝政，还把自己的建议写成二册，呈给周延儒，大家都沉浸在喜气洋洋的氛围中，觉得大有作为的时机来临了。孰料乐极生悲，书生意气哪敌得了政客绵里藏针的狠毒。当他兴冲冲返回太仓家中，当夜腹痛不已，一命归西，死得实在离奇。由于人为的历史遮蔽，真相迷蒙湮没。好友黄道周为之作墓志铭并挥泪题诗，诗中也隐约留下了对其死因的怀疑。计六奇在《明季北略》中较确定地说，是吴昌时用一剂药送张溥入九泉的。周延儒的复出，张、吴两人同是划策建功的人，但在争权夺利的过程中，吴昌时把大权握在手中，不愿张溥尝鼎一脔，就出此毒计。当然，吴昌时的背后还能看到周延儒狞笑的影子。

张溥少年得志，锋芒毕露，不但对老师的某些行为不认可，而且经常要老师按照复社的意思做事，因此周延儒对这个学生恨之入骨，只是为了利用张溥才虚与委蛇，哪里肯真正洗心革面、痛改前非呢？周延儒是个既贪钱又贪色的人，不妨回顾一下此前发生的一件事。东洞庭山富室有一个死了丈夫的少妇，耐不住寂寞，沟通外人自嫁。那富家当然不愿意，告到县里，娶亲者心生害怕，不得已将少妇盛妆送给了周延儒。周延儒"一见宠悦"，当时恰值朝廷重任他为首辅，他溺于美色，拖延着不肯进京出仕。张溥拿了县里的捕单找到周延儒，不管师生之礼，将捕单向他面前一掷，周延儒不由大怒，张溥也不买他的账。这一出似乎是"小事"，怨毒却结得极深，无形中为张溥后来的命运埋下了伏线。

周延儒上任伊始，起用了一些人，也罢了一些人的官职，做过一些"好事"。张溥、张采等人对此颇为得意，天真地认为周延儒以前仇恨东林党，现在知道错了，就可以引导他走上正路，以为周延儒一夕之间就变成了正人君子。待到张溥一死，这些读书人才知道了政治的凶险。周同谷的《霜猿集》有关张溥之死，写有"故人昨夜魂游岱，相国方言好做官"的诗句，诗后有注："张西铭（即张溥）讣音至，延儒惊起曰：'天如奈何遽死！'既而曰：'天如死，吾方好做官'。客曰：'庶常（指张溥）吾道干城，公何出此言？'延儒乃出一册示客曰：'此者天如所欲杀之人也，我如何能杀尽？'"在周延儒眼中，张溥实在是个碍手碍脚的人物。张溥将自己一展鸿图的希望寄托在周延儒的出山，而周延儒则把自己为所欲为的希望寄托在张溥的死亡，这真是悲剧的点睛之笔。

周延儒被召复起，实际上完全是张溥为其奔走效力，也是周延儒与张溥等人互相利用的结果。当时，张溥的朋友一时皆得罪，张溥万分担忧。"溥等以数事要之。延儒慨然曰：'吾当锐意行之，以谢诸公。'既入朝，悉反体仁辈弊政"，多用复社之人，朝政一新。"此皆溥之力也"，是张溥在"遥执朝政"方面发挥重大作用的产物。

私谥曰"仁学先生"

张溥出身官宦门第，因其是婢妾所生，排行第八，故"不为宗党所重，辅之家人遇之尤无礼，尝造事倾陷诬之"，当面称他"塌蒲屡儿"，意为"下贱人所生，永远不出息"。张溥遭此侮辱，勤奋好学，读书必手抄，抄后读过即焚去，如此反复七遍，冬天手冻裂，以热水浸暖继续再练。后来他把自己的读书室命名为"七录斋"，自己的著作也题名为《七录斋集》。《明史》记有张溥"七录七焚"的佳话。

1631年，张溥考上进士，授庶吉士。与同为娄东人的张采齐名，时称"娄东两人"。1624年，他与郡中名士结交成社，人员有张采、杨廷枢、杨彝、顾梦麟、朱隗、吴昌时等十一人，后来遍及全国，超过三千人，平时以文会友，兼又评议时政，"一城出观，无不知有复社者"。两年后，他撰写《五人墓碑记》，痛斥阉党。1628年张溥与张采一起，在太仓发起了驱逐阉党骨干顾秉谦的斗争，所撰散文，脍炙人口，两人名垂天下。1629年，他组织和领导复社与阉党进行斗争，复社声势震动朝野。《七录斋集·国表序》载有复社活动的盛况"春秋之集，衣冠盈路"，其影响遍及南北各省，执政巨僚由此颇为忌恨。1637年礼部员外郎吴昌时与张溥一起推举周延儒复出。里人陆文声要求入社被拒，因向朝廷告发张溥等结党，正史《张溥传》和梅村的《复社纪事》记载他病卒于家。计六奇《明季北略》中说张溥被吴昌时下毒，当夜腹部剧痛而死，时年40岁。"千里内外皆会哭"，私谥曰"仁学先生"。张溥一死，全国性的复社顿时失去了领袖。周延儒的身边就被吴昌时辈包围了，他们开始为所欲为，最后不但自己丢了性命，也加速了明朝的灭亡。

张溥死后由黄道周为之作墓志铭。张溥在文学方面，推崇"前后七子"的理论，主张复古，反对逃避现实，只写湖光山色、细闻琐事或追求所谓"幽深孤峭"的风格。但他在提倡兴复古学的同时，又以"务为有用"相号召，与"前后七子"单纯追求形式、模拟古人有所区别。张溥的散文在当时很有名，风格质朴，慷慨激昂，明快爽放，直抒胸臆。其《五人墓碑记》赞颂与阉党斗争的志气,强调"匹夫之有重于社稷",为"缙绅"所不能及。叙议相间,以对比手法反衬五人磊落胸襟,为传诵名篇。《五人墓碑记》收入《古文观止》。

张溥一生著作宏丰,编述三千余卷,著有《七录斋集》,包括文十二卷,诗三卷。此集今存明崇祯时刻本。张溥于各集前均写有题辞。此集是张溥为"兴复古学"而编撰的一部规模宏大的总集。《四库全书总目》记载:"此编则元元本本,足资检核。"人民文学出版社出版的《汉魏六朝百三家集题辞注》(殷孟伦注),将各集卷首题辞首次辑成一书,并加以注释,是研究汉魏六朝文学及张溥著作的重要参考书。张溥的其他著作有《春秋三书》三十二卷,《历代史论二编》十卷,《诗经注疏大全合纂》三十四卷。此外,张溥又为《宋史纪事本末》及《元史纪事本末》补撰论正。另著有《万宝全书》,记述了当时博奕娱乐(如象棋棋谱、中式骨牌等)的概况。

吴伟业：一卷风流的诗人

小引：吴伟业（1609—1672），字骏公，号梅村，别署鹿樵生、灌隐主人、大云道人，汉族，江苏太仓人，清朝初期有影响的诗人，史推"江左三大家"——钱谦益、龚鼎孳、吴伟业。在钱泳《履园丛话》中吴伟业被称为"才名满天下"，与钱谦益齐名。清代的各种诗派，大抵不出这两人的门户，足见他俩对当时诗歌影响之深远。

以锦绣为肝肠

明崇祯四年（1631），太仓州南门外的娄江码头，异常热闹。自城厢至相思湾，车马轿夫填塞官道，河岸上观者如潮。往日宽阔的河道，一下变得狭窄起来。大大小小首尾相连的船只，挤满了河湾。这天是新科榜眼吴骏公荣归故里的日子，吴骏公就是吴伟业，号梅村，别署鹿樵生。在娄江上游，一艘漆得金黄锃亮的双桅官船缓缓驶来，在远处就可看见两块御赐金牌，红底金字熠熠生辉。一块牌上写着"御赐进士及第"，另一块牌上写着"钦点翰林编修"。站立在船头的吴伟业头裹方巾，一袭长衫，未穿蟒袍也未戴乌纱。

吴伟业巍科高中，给太仓锦上添花，同时他也是复社名士，初登庙堂就连章参劾权奸，为东林后人伸张正义，名声远播，故受到百姓的爱戴。他乘坐的官船一靠岸，立即有人搭好桥板，太仓知州、吴江县令、临川县令及同为复社社友的张采、张溥等人上前迎接。吴伟业向江岸上的父老乡亲们躬身致谢，这次他回太仓州是为完婚。

吴家在太仓城原来的宅第很小，自高中榜眼之后贺客盈门，冠盖塞途。在士绅们的慷慨帮助下，吴家购置了新府第。此次朝廷赐假归娶，前来锦上添花的人就更多了，太仓满城张灯结彩，亲友们专等着他做新郎官。新娘是郁氏，为明万历年苏州武举郁茂之女，世代簪缨。迎娶这天，吴府门前车骑络绎，盛友如云。老画家陈继儒用诗描绘了当时的场面："诏容归娶主恩私，何羡盈门百辆时。顾影彩鸾窥宝镜，衔书青鸟下瑶池。"

吴伟业认为平生有三大快事：胪唱占云，宫锦曜日，带醒初上，奏节戛然；锦昼御轮，绮宵却扇，流苏初下，放钩铿然；海果生迟，石麟梦远，珠胎初脱，坠地呱然。就是民间所称的金榜题名、洞房花烛、喜得贵子。婚礼当天，太仓城灿如白昼，锣鼓喧阗，彻夜不息，一直演了三天三夜。自此，他在家乡开始了一段诗酒游悠的生活。

明崇祯十六年（1643），吴伟业与卞玉京相见，当时，他已是名满天下的诗人，卞玉京是著名的"秦淮八艳"之一，诗词书画都很好，吴伟业曾赞美她"双眸泓然，日与佳墨良纸相映彻"。两人一见便相互倾情，卞玉京更是手抚几案，脉脉相问"亦有意乎"，托付终身的信息是很明显的。这一次，吴伟业的选择颇为暧昧，他回避了婚娶。

时局恶化之快出人意料。在他们分别的第二年，李自成就占领了明王朝的都城，崇祯在煤山自缢。一个多月后，吴三桂引清军入关，横扫中原。吴伟业与卞玉京在此后的多年里失去了联系。一个偶然的机会，他通过老朋友钱谦益打听到了卞玉京的下落，并终于等到与卞玉京相见的一天，结果却是——卞玉京着道袍与他见面。这段恋情影响了吴伟业一生。

梅村一卷足风流

吴伟业于1609年出生在太仓的一户读书人家。出生时，他母亲梦见一位身穿红衣的使者送来会元坊，因此，父母对吴伟业寄寓了深切的期望。吴伟业七岁开始读家塾，14岁能属文。著名学者张溥读了吴伟业的文章，感叹地说："文章正印在此子矣！"于是收留吴伟业在门下授业，传授通今博古之学。在张溥那里，吴伟业不仅学到了广博的知识，也为他的文学创作打下了扎实的基础，后来他成为复社魁首之一，因此生出了一系列的好处和麻烦。

吴伟业祖籍河南，其先人元末时为避战乱而辗转过江，流落苏州。五世祖吴凯，擅长书法，曾任刑部、礼部主事，参与修纂《永乐大典》。吴凯之子吴愈，也就是吴伟业的高祖，于明弘治五年（1492）擢升为河南参政。正当吴愈宦海得意、前程似锦的时候，他却选择急流勇退，辞官归隐。明代的著名书法家文徵明是吴愈的爱婿，由于这层关系，当时一些书画名家如沈周、祝枝山、朱存理等人都和吴愈颇有交情。到吴伟业祖父这代，吴家则衰败不堪。

吴伟业1628年考中秀才，1630年中举人，二十三岁参加会试获第一名；紧接着廷试，又以一甲第二名连捷。当时有人怀疑有舞弊之嫌，主考官不得不将其会元原卷呈请御览，结果崇祯皇帝在卷子上批了"正大博雅，足式诡靡"八个字，平息了这场风波。吴伟业自此声名鹊起，并因此对崇祯皇帝怀有刻骨铭心的知遇之感。

在仕途上，吴伟业初授翰林院编修，继典湖广乡试，1637年充东宫讲读官，三年后又迁南京国子监司业，晋左中允、左谕德，转左庶子。期间吴伟业虽然因为朝内党局纷争而受到一些牵累，但官阶一直在步步上升。晚明时，东林、复社与阉党争斗不断，吴伟业在仕途上颇不顺利。他见明王朝风雨飘摇，日薄西山，遂辞左中允、左谕德、左庶子等官，拒绝赴职。后召任少詹事，发现控制朝政的马士英、阮大铖实为腐败国贼，仅两月便愤然辞归。

清兵南下之后，吴伟业长期隐居不仕，以复社之名主持东南文社活动，声望更著。吴伟业的儿女亲家陈之遴是由明入清的大臣，当时正置身于新朝的党争之中，试图借吴伟业的声望和文采以结主上，同时希望吴伟业也能入阁为相，以扩大自己的势力，因此极力荐举吴伟业仕清为官。但是，正因为吴伟业是一个名声赫赫的"先朝遗老"，他的出仕客观上将造成瓦解人民抗清斗志、为清廷怀柔政策所利用的消极影响，所以，他的许多好友和一般遗民志士对此都坚决反对，如著名古文家侯方域就曾致书吴伟业，提出种种异议。

然而，吴伟业慑于清廷淫威，碍于老母敦促，于清顺治十年（1653）九月被迫应诏北上。在将抵京师之际，他曾经数次向当事要人上书投诗，祈求宽假放归，可是仍未获允，终于在到京次年被授为秘书院侍讲，后来又升国子监祭酒。但他并没能像陈之遴所期望的那样进入内阁，相反，陈之遴本人却在激烈的党争中失败，被发配到东北。而吴伟业内心对自己的屈节仕清极为歉疚，痛悔无绪，常借诗词以表哀愁。清顺治十三年（1656）底，守孝在家，从此不复出仕。

自题圆石作诗人

吴梅村墓在苏州市太湖乡潭东高家前村边，约16平方米，墓廓残址可见。

墓前吴荫培所题"诗人吴梅村墓"碑。吴伟业一生著有《梅村家藏稿》五十八卷,《梅村诗馀》,传奇《秣陵春》,杂剧《通天台》《临春阁》,史乘《绥寇纪略》《春秋地理志》等。现存诗歌近千首,有古诗160首,其中长篇巨制约占半数,称得上长篇叙事诗的有20余篇。

20多篇长篇叙事诗在吴伟业整个诗集中所占的比例是不大的,但在长期以来不发达的中国古典长篇叙事诗的发展史上,却是前无古人,后无继者。这20多个作品中的大多数,三百多年来被诗评家们一致公推为名篇佳作。从对这些长篇叙事诗的初步研究的结果看,无论是在诗歌内容还是在艺术形式方面都有较大的突破。吴伟业长篇叙事诗的创作开创了长篇叙事诗空前繁荣的局面,从而奠定了吴伟业本人在中国古典叙事诗发展史中的特殊地位。同时,他还精工词曲书画,堪称博学多才。他的作品反映的社会生活面相当广阔,因而有"诗史"之称,他的诗歌《圆圆曲》,可谓标志着中国古代叙事诗达到了新的高度。

吴伟业将李商隐色泽浓丽的笔法与元白叙事诗善于铺张的特点结合起来,常以工丽的语言、多变的章法、贴切的典故,来叙写新题材,表现新主题,被称为"梅村体"。它的艺术特色,主要从叙事方式这方面来体现,以人物为中心,通过一两个中心人物来串联众多事件,构建一个完整的故事,人与事相得益彰。由于作者将事件和人物按某种思路水乳交融地结合在一起,作品便显得血肉丰满,引人入胜。这些人的身份虽然差异很大,但有一点是共同的,即"人物的命运总是与时代风云紧密相连"。

吴伟业对中国古典长篇叙事诗传统的创作方法进行了全面的继承,如常用的起兴手法、连锁手法、问答手法等,使之逐渐形成一种既注重诗意,又偏重于通俗、流畅、易懂、风趣的艺术风格。中国古典长篇叙事诗各种艺术表现手法和艺术特点,在吴伟业的长篇叙事诗中得到了充分的体现。叙事与抒情的完美结合、巧于剪裁、简繁得当、高度精练,以及民间文学中各种手法娴熟运用的例子,在吴伟业数量众多的长篇叙事诗中俯拾皆是。

"用写近体诗的功夫来写长篇叙事诗。"传统叙事诗之所以历来备受诗评家的非议和鄙视,根本原因是通俗浅显,缺乏"含不尽之意,见于言外"的含蓄美。吴伟业的诗论不多,《梅村诗话》中也未发表评论性的意见,亦不见他对叙事诗的看法。不过,从他的创作实践中可以看出,他十分重视长篇叙事诗的创作,认真地研究了前人在叙事诗创作上的得失,在创作中竭力把通俗浅显的叙事诗向含蓄精炼的近体诗靠拢，把含蓄美亦作为衡量叙事诗的标准之一。

在2009年，吴伟业诞辰四百周年时，近百名专家学者齐聚吴伟业故乡太仓，缅怀一代文坛宗师，挖掘梅村文化底蕴与娄东文化精神。当时叶君远教授提出吴伟业之所以会有这样高的成就，主要与他的才华、身世和太仓的人文环境有关。吴伟业读书过目不忘，经历过得意、落难、尊崇、倒霉的人生境遇，在战乱中与百姓一样颠沛流离。王于飞教授认为，历史是个大筛子，留下来的并不多，而吴伟业就是筛子上面留下来的光彩人物，后人要吸取他的精神养分，冷静思考，促进文艺事业长盛不衰。

（2015年8月发表于《金太仓》杂志"专化专栏"）

陆世仪：人安可一息不读书

小引：陆世仪（1611—1672），字道威，号刚斋，晚号桴亭，别署"眉史氏"，太仓人，明末清初著名的理学家、文学家。陆世仪说："因念逝者之速如此，人安可一息不读书。"故在有生之年，一定要多读书，多读有用的书。他亦云：凡读书须识货，方不错用功夫。有些书要"终身诵读"，有些书要"一一寻究，得其要领"，有些书只要"观其大意"即可。

人性中皆有悟

生活在五彩斑斓的世界中，每天都能与美丽的风景相遇，每天都可能碰到不同个性和具有不同人格魅力的人。在漫长的人生旅途中，有的人会散发着耀眼的光彩，有的人会赢得你欣赏的目光，无论哪一种人，他们都带着自身的气质。而饱读诗书，学有所成的人，更能放射出高雅的华彩。1611年夏天，在太仓"海门第一"桥南，有一户人家，这户五世皆为"诸生"的读书人家里，降生了一名男婴。

他就是后被誉为"江南大儒"，明末清初著名的理学家、文学家——陆世仪。陆世仪字道威，号刚斋，晚号桴亭。他一生经历了明亡清兴的"天崩地裂"改朝换代的时代。虽然对明王朝有很深的眷念之情，但入清后并未因明亡而遁世。相反，他仍兴水利、救饥荒，积极地为"娄地"百姓谋生计。他绝意仕途，不求安逸静养，而以复兴理学自勉，关注社会现实，坚守着"士生斯世，不能致君，亦当泽民"的理学家信条，热心于乡邑公共事业，为乡梓百姓所怀念。

陆世仪出生的家庭既不是钱财万贯的富商或占地百顷的地主，也不是政治上世代为官的名门或封妻荫子的豪族,他的父亲陆振吾,是一位素有德行的"童子师"。陆世仪的母亲在他出生后不久便过世。所以他婴幼儿时期都是在寄养中度过的。因缺乏母爱,他对家庭的教育尤为看重,以至于在往后的学术中有《论小学》之作。

陆世仪9岁时,心地善良的继母让他接受教育,学习知识。当时的陆世仪虽体弱多病,可聪明好学。有一回他的父亲以"百鸟朝凤图"为题考他。他应声而作七言诗:"独向高冈择木栖,更无鹓鹭与相齐。一声叫彻虞廷日,四海鸱鸮不敢啼。"他的才气不仅在于此,因他好学勤问,其父亲外出教书时,都带着他一同前往。陆世仪也以父为师,在颠簸的途中求知。

学高为师,身正为范。14岁那年,陆世仪与"太仓四君子"之一的盛敬相识,开始了交友砥学的交往。三年后,他拜访当时以"文学"闻名的陈瑚,两人约定组织文会。同里盛寒溪、钱蓍侯、过在兹等数人参加。年轻的陆世仪想以治学应举,他同时结识志同道合的文友,勉以道义。

陆世仪也是太仓张溥的门生,最初在张溥处了解到儒家大师刘宗周其人,后两人相约去绍兴访刘宗周"问学",皆因诸事缠身而未能实现。不久天下大变,成为未遂之愿。对此,陆世仪一直很感惋惜。好在刘宗周弟子叶静远、史子虚等曾来访论学,使陆世仪未遂之愿聊得补慰。他们以"阳明学"展开辩论,陆世仪深受刘宗周学术思想的影响。

治一国必自治一乡始

明崇祯二年(1629),"三吴"地区继"东林"之后又出现了复社。张溥以其声望将东南诸社合为复社,并主持了复社首次大会——尹山大会。当时"苕云之间,名彦毕至"。第二年乡试,复社人物杨廷枢中解元,而张溥、吴伟业皆魁选。当时有一句传言,只要入社者,必能中举,而且此风气日渐盛行。

年仅23岁的陆世仪,虽为张溥门生,可他认为这种"党附相援"的风气庸俗至极,便拒绝与社内成员来往。这一年,他以给养母弟弟聘师为名,请陈瑚到家中,两人一边读书作文,切磋学业,一边讨论天下事,设计未来。他们预感到天下不久将乱,时代需要栋梁之材,就下定决心把自己变成"盖世奇男子"以济艰危,于是陆世仪拜娄东石敬严将军为师学习兵法。

在唐文治的《陈桴亭先生枪法遗闻记》中有这样的记载，陆世仪问技三年间不仅学得武艺，而且开始研究阵法，并兴趣渐浓。他研究了前人各家阵法，在用兵方面他认为岳飞是善于用少、用精之将；而戚继光是善于用多、用众之将。他对戚氏的"鸳鸯阵法"很是认同，在他的《八阵发明》中对"诸家原图说"加以自己的解释，体现了他对阵法的攻守思想。

1639年底，陆世仪和陈瑚会聚江士韶家。当天夜里，三人叙于江氏"珠树堂之西轩"。当时他们感慨交集，决定以下一年为始，进行迁善改过之学的探索。后来盛敬闻讯也加入其行列，至此形成了以"太仓四君子"为核心的桴亭学派。陆世仪所作《思辨录辑要》，把"以天理人欲分善过，而主之以敬"作为治学纲领，强调"以敬天为入德之门，而曰敬天者，敬其心也。敬其心如敬天，则学无不诚，而天人可一矣"。此也成了"四君子"治学修身的指南。

第二年，陆世仪与弟子王登善等人组织"同善会"。当时，太仓一带大旱，饥饿夺走了许多人的性命。陆世仪发动缙绅富户，捐聚银米以救饥荒。开始发放银米时，他们不分青壮、老幼，凡饥民即可有份，结果力强者得多，而老弱妇幼却多不得济。为此就想到用"役米"方法救饥，以有劳动力者需去修河渠后才能得到"役米"。而老弱妇幼者则通过"粥会"发放施粥。鉴于当时地方行政混乱、污吏横行、民不聊生的局面，陆世仪提出了一套"治天下必自治一国始，治一国必自治一乡始"的救弊主张。可见，他不是一个只顾闭门读书，封闭自修的人。

清兵入关后，有气节之士纷纷放弃举业仕途，以实践保持着"不事二君"的名节。陆世仪亦不例外，他在27岁时就对应举入仕冷淡，在明朝灭亡前两年，他对这个王朝已失去信心，感到走仕途之路救时济世是行不通的。他在给张溥的书信中写道："士君子处末世，时可为，道可行，则委身致命以赴之，虽死生利害有所不顾。盖天下之所系者大，而吾一身之所系者小也。若时不可为，道不可行，则洁身去国，隐居谈道，以淑后学，以惠来兹，虽高爵厚禄有所不顾。盖天下之所系者大，而万世之所系者尤大也。"清顺治元年（1644）至康熙十一年（1672）间，陆世仪完全放弃了举业、仕途，经世之志转到复兴理学、接续道统、专心著书、以惠后学。

明已亡，陆世仪多次拒绝清廷的荐举，决不入仕。当清兵南下时，他就上书南都，参与军事，志在抗清复明。他与各地士子或书信往来，或论道讲学，除了在太仓聚徒讲学外，在苏州、南京、蔚村、黄塘等地都有他的讲学足迹。他主张"考德"与"课业"相统一，在著书讲学、阐明圣学的同时，关注现实生活，继续为乡里民生谋利。他以验农田水利之学来躬行农事，决坝开江引长江水至浏河水汇畅通，鉴黄河治理之法为吴淞、娄江疏塞水道。

在陆世仪眼中，明朝虽亡，可天下还在。朱氏皇室虽被推翻了，但百姓仍需生活下去，所以必须为百姓们做一些实事。清康熙十一年（1672）正月，还在水利工程上奔波的陆世仪突然病重，他回到太仓家中，未休养几日便永别人世。他把修身与济世相统一，道德修养超越于内省功夫，是明清理学家中注重"切于用世"的儒学家之一。他一生著书60余种，总卷数超过两百卷。

驳朱熹的教育

太仓，自建太仓州后，学堂、书院盛极一时，培养出众多杰出人才，如张溥兴社、王世贞兴文、吴伟业兴诗、陆世仪兴学，王时敏、王鉴、王翚、王原祁"四王"兴画，使太仓文化得到全面发展，民间读书成风。明末清初的儒学家陆世仪，他的教育思想，已从晚婚、晚育谈起。他认为在嫁娶上，不要死守门当户对，主张夫妻匹配。同时提倡晚育，因长子多是少年时所生，父母气识尚未定，难以教子，所以长子尤多娇情。

陆世仪认为家庭为孩子的第一所学校，父母是孩子的第一任教师。早婚早育的父母自己还没有成熟，便结婚生子，做起父母来，自我管理尚有困难，如何去教育子女。诚然，一个孩子受到的家教如何，与其将来的成长关系极大。他的著作中对"小学"的教材、教法也提出了改革建议。他认为刚入学的五六岁小孩子，只可教他们做什么就行了，不可使他们知道为何这样做。

当时所使用的启蒙教材是朱熹编的课本。朱熹是理学创立者，他的教学多讲理学和远古的礼仪，晦涩难懂，再加上难以辨认的字词，会令孩子们产生畏难与厌倦情绪，更别说兴趣了。所以陆世仪建议重编一套《节韵幼义》，读句朗朗上口，内容通俗易懂，教法上寓教于行、寓学于趣，避免死记硬背，以培养孩子的学习兴趣。

明代教育，直接为科考入仕服务。"明经义"、作八股是教育的主要内容。他认为孩子们15岁以前"天籁之发，天机之动"，喜欢歌舞，活泼可爱，那就是"物欲未染，知识未开"，天真纯洁，心无杂念，此阶段记忆力极好。

"乡学，小学也；国学，太学也。"陆世仪将宋初大教育家胡瑗的"苏湖教法"加以改造，推出"二斋四科制"。就是"经义斋""治事斋""德行科""政事科""礼仪科""文学科"，提倡各科都应学有所长。

作为清初"朱学"代表人物的陆世仪，深受"朱学"开放精神的影响，他肯定西方几何学之精，指出："西学有几何用法，崇祯历书中有之，盖详论勾股之法也。勾股法，《九章》算中有之，然未若西学之精。"又说："天文图盖天不如浑天，人知之矣。然浑天旧图亦渐与天不相似。惟西图为精密，不可以其为异国而忽之也。"他承认西方在天文学与数学方面比中国"精密"，赞成学习西方先进的科学知识，这比那种空谈"夷夏之辨"、盲目排外的顽固派的态度强出很多倍。

正因为他对西方科学技术持开放态度，所以陆世仪能从经世立场出发，善于从西方科技中汲取有用的东西，把学习"西学"与经国济世结合起来，丰富并发展了自己的"朱学"思想体系。正因为陆世仪善于吸取西学中有价值的东西，所以他的"朱学"思想体系不但具有开放的品格，也具有近代启蒙意义的某些思想。其代表著作主要有《思辨录辑要》《陆子遗书》《性善图说》等。

在太仓东园的致河塘上，横跨着一座建于元代的"周泾桥"。这座三孔石拱桥桥面斑驳，石缝峭壁上生长出一簇簇植物，为此桥增添了一份浓浓的古意，在正中地幅石上依稀可见"海门第一桥"五个大字。这座风雨青石拱桥历经了元、明、清、民国等时期，屹立在娄东的河面上将近七百年，见证了太仓的历史与文化的发展。陆世仪就曾在桥南"凿池十亩，筑亭其中"，建"桴亭书院"，隐居此处读书、著述、讲学。现在，新华东街沿河风光带中，树一牌为"陆世仪读书处"。

（2015 年 6 月发表于《金太仓》杂志"专化专栏"）

归庄:他与"归庄"的百般交集

小引:归庄(1613—1673),一名祚明,字尔礼,又字玄恭,昆山人,明末清初书画家,文学家。在太仓沙溪镇北有个名不见经传的归庄社区,若小的一个集镇上有条"玄恭"街,它贯穿南北,是整个社区的中心街区。这几个看似平凡的地名中,却有一段鲜为人知的历史来由。它与明代散文家归有光的曾孙,书画篆刻家归昌世的儿子,明末清初的书画家、文学家归庄之间又有怎样千丝万缕的纠葛呢?

归庄是复社成员

太仓归庄社区原来似乎叫"鬼家庄",年幼时我的大姑母嫁到"鬼家庄"时,我一直以为是来自方言"鬼"与"归"的谐音。却不知这归庄是由"鬼家庄"改名而来,据说,原先那是一片瘆人的坟地。现在回想起童年时的记忆,我总是模棱两可,也曾听父辈们说,早年那里还有一座不大的穿山。"穿山一名凡山,在州东北四十一里,世石屹立,崇一十七丈,周三百五十步,中有石洞通南北往来。旧传有仙居之,故名仙人洞。"如今穿山已被夷为平地,只留下凡山一个地名。

明代,太仓作为海运军粮的始发港,修建了大型海运储仓,不仅为郑和下西洋提供了保障,还引来文人逸士无数,昆曲也在此时的太仓南码头兴起。由于明代以八股文取士,当时的读书人为砥砺文章,求取功名,纷纷尊师交友,社会上结社成风。至明末时,政治日趋腐败,到天启年间出现了阉党擅权的乱局。1633年,太仓张溥、张采联合四方人士成立复社,以兴复古学,揣摩八股,切磋学问,其中不免带有浓烈的政治色彩。

在清兵入关的前后，复社成员多数成为江南抗清力量的骨干。在南京的复社士子不满于阮大铖招摇过市，贪赃误国，曾联名写出《留都防乱公揭》，公布其罪状，迫使他"潜迹南门之牛首，不敢入城"。后阮大铖拥立福王，把持朝政，对复社成员进行了报复。清兵南下时，复社不少成员仍坚持反抗斗争，陈子龙在松江起兵，黄淳耀领导嘉定军民抗清斗争，他们失败后都不屈而死。

复社的成员密切关注社会民生，拥有饱满的政治热情，积极参加政治斗争。他们创作的作品，注重反映社会现实，揭露权奸宦官，同情民生疾苦，讴歌抗清伟业，抒发报国豪情，富有强烈的感染力。随着诸多复社成员相继登第，声动朝野，许多文武将吏及朝中士大夫，都自称是张溥门下。

归庄便是复社一员，他与昆山人顾炎武并称为"归奇顾怪"，他的文与诗不仅继承曾祖父归有光的家传衣钵，更与清初文坛泰斗钱谦益、复社领袖张溥和陆世仪等人关系密切，常以文坛薪火传递之人自傲自居。明亡以后，一些著名的复社成员遁迹山林，总结明亡教训，专心著述，有的削发为僧，隐居不出。这些行为，是与复社提倡气节、重视操守的主张相一致的。

为避战事隐于凡山

1652年复社被清政府取缔。作为复社成员的归庄遭受两都之变，归庄一家也难免遭受战争的灾祸。当扬州被清军所围时，他的哥哥归尔德西门浴血奋战，在战场上牺牲。他的叔叔归继登，亦在长兴遇害。归庄得知这两个噩耗后，冒死前往收尸，更加重了他对清军的仇恨。在昆山城破时，他是倡议首难之人，发动起义，但以失败告终，之后只能韬光晦迹。他一面为抗清事业奔走呼号，一面以笔作伐，写下了大量的激愤之诗，要求大家放弃个人的意气之争，从门户宗派家法的计较中解脱出来，脱开个人情感，注目乱世，关心时政。他漂泊江湖，隐居在太仓凡山一带。后人为纪念他，将"鬼家庄"更名为"归庄"。

在秦蓁整理的《归玄恭先生年谱初编》中，可找出很多归庄往来太仓之事。在明崇祯十三年（1640）的重阳日，归庄在《九日过普济寺养疴》诗中云："为访苍公至太仓，县携病枕向禅房。"当时他因病前往太仓沙溪的普济寺，向黄歧彬问诊，临别写诗《赠医者黄歧彬》。次年5月，张溥过世，归庄前往奔丧。他在《太仓顾氏宅记》中记述，余在太仓，寓居顾氏宅。屋宇纵横，多不整饰，无楼阁亭榭美丽之观，有地十余亩，不植花木，止勤课隶人种菜蔌，毋失时，方池环之，恐妨水畜，菡萏芙藻，不列其中。

太仓知州钱肃乐离别时他亦作诗赠别。清顺治十年（1653），归庄以访葬事至太仓，得钱谦益序文襄助，奔走募金百余，于3月7日，葬三世七人（祖父、祖母、父、母、兄尔复夫妇、仲嫂）于新阡。4月，归庄读陆世仪的《思辨录辑要》，觉其人："以其体用俱备、文武兼长，爱而乐之。"归庄遂过太仓访之，叙为兄弟，有唱和之作《赠陆桴亭》并为其《思辨录辑要》作序文《陆道威思辨录序》。清康熙十一年（1672）正月，陆世仪卒，归庄往太仓哭之，作《祭陆桴亭文》祭之。

归庄与许多太仓人有交往，如张溥、吴伟业、王时敏、陈瑚等，几乎囊括了当时太仓所有的名流贤达，而其中与他极相友善者，似乎非陆世仪莫属。归庄是经过朋友陈瑚的介绍，才知道太仓有陆世仪其人，但是在一开始，他并没有将此放在心上。直到他在41岁路过太仓的时候，才与陆世仪初次谋面，见到其人，顿时倾心拜服，从此归庄便认陆世仪为师、为友、为兄弟。

爱作头陀却不解禅

由于战事，归庄家境日趋衰落，又屡遭不幸。在乱世中唯一慰藉的是有一位知心的妻子，两人感情甚笃。归庄曾把他的妻子署名为"推仔楼"，示为才子佳人合抱之意。他将自己的居所修筑在亲人墓旁，命名为"己斋"。在茅庐上题联："两口居安乐之窝，妻太聪明夫太怪；四邻接幽冥之宅，人何寥落鬼何多。"归庄自家的茅庐柴门破烂到不能掩闭，屋里的椅子不是缺脚就是少凳面，他就以绳纬索，也不以为然。

入清后，归庄为了与清朝划清界限，更名祚明，字玄恭，自署普明头陀。他对自己的字号，颇有戏谑之谓，归子名庄，字元公，别号鏖鏊钜山人，平生名字号屡更，以十数计，今名从其旧，字从其新，号从其怪者云。归庄自幼受诗书熏陶，为诸生时，即博览群书，下笔数千言不止，擅画竹石，狂草功力更深。他与顾炎武学行相推许，俱不谐于俗。1640年他虽特榜被召，但鉴于国事日非，他辞而不赴。随后应徐州书画名家万寿祺之聘，到淮阴任教。

当万寿祺死后，归庄回到昆太地区隐居，以卖书画为生，拒不仕清，野服终身。自母亲死后，他的儿子又失踪，这令归庄渐渐变得癫狂。他每日纵酒狂歌，留恋于湖光山色之中，逢人即谈忠义之事。归庄时常也会想起他的好友顾炎武，但那时顾炎武远游在北方，两个人只能通过书信往来。由于相隔遥远，至死都未能重见一面。归庄晚年倾力于汇刻其曾祖父的《归有光全集》，寄食僧舍，孑然一身。他年老多病，也仅能以诗文寄磊落不平之慨。

归庄与僧人往来不断，晚年不少时光在佛寺度过。他的出家之因在于"亡命"。实际上，这也是不少清初遗民出家的主要原因。归庄的出家是被逼而为，所以并未长期留住僧舍，也未能遵守出家人的规矩。当风波平息后，便过上了忽僧忽儒、亦僧亦儒的生活。

四代皆为儒学大家

归庄出身书香门第。曾祖父归有光与太仓王世贞是同乡人。归有光14岁应童子试，20岁考取了第一名，补苏州府学生员，同年到南京参加乡试。开始时对举业满怀信心，可是乡试却连连落第，五上南京，榜上均无名，直至35岁时才以第二名中举。此时的他已是"纵观三代两汉之文，遍览诸子百家之言而折衷之，上自九经二十一史，下至农圃医卜之属，无所不博"。祖父归子骏，屡试不中后绝意进取，以书史自娱终身。父亲归昌世虽是明朝一诸生，但早弃举业，发奋为古文，成为明末著名的书画篆刻家。

归庄的诗文，以反对清朝统治、富有民族气节之作为主体。其诗有质朴明畅、直抒胸臆的，如《古意十二首》《卜居十四首》等；有工整绵丽的，如《落花诗又四首》。太仓吴伟业评价归庄的《落花诗十二章》说："流丽深雅，得寄托之旨，备体物之致。"归庄的散文亦酣畅雄恣，有强烈的感情，《归氏二烈妇传》《两顾君大鸿、仲熊传》《杨忠烈公传》等可为代表作。他还有著名的一文《万古愁曲》，评论历代史事，为明朝灭亡而悲，在斥责明朝官吏误国时，抒发自己隐居不仕的志向和嬉笑怒骂的能事。

"江南春老叹红稀，树底残英高下飞。燕蹴莺衔何太急！涧多茵少竟安归？阑干晓露芳条冷，池馆斜阳绿荫肥。静掩蓬门独惆怅，从他芳草自菲菲。"归庄在这首《落花诗》诗前自序："我生不辰，遭值多故。客非荆土，常动华实蔽野之思；身在江南，仍有大树飘零之感。以至风木痛绝，华萼悲深，阶下芝兰，亦无遗种。一片初飞，有时溅泪；千林如扫，无限伤怀！"归庄之诗以"陶写襟怀，披陈情愫"为特征，故读之沉郁悲怆，真切感人。

在《归庄集》中，他颇多赏花咏花之作，所咏之花卉种类有梅、水仙、桃、桂、海棠、山茶、牡丹、荷、紫藤、菊、葵、天竺等约十余种，唯独无竹。《明代文人归庄研究》中称："赏花咏花，非如'玩物'之类可比，亦不似晚明诸小品家但求名士附庸风雅。此缘归庄有其特别身世遭遇，且遭时代背景乱世丧悲所致。其游山赏花遂不尽是游，不仅是乐，反而是游中之悲与花中有托之慨。"归庄不咏竹，却对竹子有另一番钟情。

他传世的书画作品虽以书法居多，但也鲜有几幅画竹的作品，这可见其创作态度之严谨，不肯轻易作画。在归庄看来，竹是高风亮节、傲岸挺拔的高士。现藏于浙江省博物馆的归庄《墨竹诗翰》是其极为少见的墨竹。他所绘的"无坡之墨竹"，寓意其有不认当朝的遗民情怀，整卷前半部分画墨竹，后半部分题诗。墨竹分五段表现，每一段寥寥数竿，或疏或密，老干苍劲，新枝刚健。他画竹旨在言志，竹子"未出土时先有节"，在改朝换代之际成了民族精神的象征。

在《墨竹诗翰》中，归庄表现出竹的千姿百态，或老竿挺立、霜筠穿插，或枝影横斜、风梢舞动，或新篁出墙、嫩笋破土，或竹石相依、岁寒双清。笔法娴熟，笔势酣畅，墨法精妙，高雅脱俗。归庄自云："此艺虽余家传，然不能工，仅异于俗子耳。"由此可知归庄的墨竹为其父归昌世所亲授，故画风极为相似。归庄还著有《恒轩诗集》（十二卷）、文集《悬弓集》（三十卷）、《恒轩文集》（十二卷），皆亡佚。后人辑有《玄恭文钞》《归玄恭文续钞》《归玄恭遗著》等。1962年上海古籍出版社搜集各种辑佚本和一部分归氏手写稿本，编成《归庄集》印行。

（2015年2月发表于《金太仓》杂志"专化专栏"）

王原祁：清香远逸赏画时

小引：王原祁（1642—1715），字茂京，号麓台、石师道人，江苏太仓人，王时敏孙。1670年中进士，官至户部侍郎，人称王司农。"四王"是中国清代绘画史上一个著名的绘画流派，其成员为王时敏、王鉴、王翚、王原祁四人，因四人皆姓王，称为"四王"。他们之间有师友或亲属关系，在绘画风尚和艺术思想上直接或间接受董其昌影响。他们技法功力较深，画风崇尚摹古。王原祁是"四王"画派领袖王时敏的孙子，后来又成为"娄东派"之首。

《西湖十景图》

秋天的杭州四处洋溢着丹桂飘香的清新，深吸一口气，那种沁入体肺的桂花香飘荡于大城小巷中。桂花是杭州的市花，故而成片地栽种，无论是人行道上的小绿化坛中，还是街边的休闲游园里，就连寻常百姓家门口也有一两株桂花树，妆点这个香气袭人的初秋。杭州除了桂花满城、远山近水外，也是一个"堵城"，由于私家车限号行驶，以往去杭州只是走马观花的匆匆而过。这次有机会在杭州城小住上半个月，让我能漫步西湖边，看湖光与山色，观日出与日落，体会杭州人的闲情雅致，也深感到古风扑面。置身于风轻水秀中领略一番西湖美景，在我这个外乡人看来，古时的江南也不过如此。

旧时西湖有十景，苏堤春晓、平湖秋月、花港观鱼、柳浪闻莺、双峰插云、三潭印月、雷峰夕照、南屏晚钟、曲院风荷、断桥残雪，而在西湖的小瀛洲上我看到了石刻本《西湖十景图》，它来自王原祁的山水绘画本，原本珍藏于辽宁省博物馆。我乘上游船至西湖的小瀛洲，从岛北码头上岸，经过先贤祠等两座建筑，即步入九曲平桥，桥上有开网亭、迎翠亭、花架亭、御碑亭、康熙御碑亭、我心相印亭这几座造型各异的亭子，走走停停，歇歇看看，饱览美景，流连忘返。九曲桥东，隔水与一堵白粉短墙相望。墙两端了无衔接，形若屏风。但粉墙上开启四个花饰精美的漏窗，墙内墙外空间隔而不断，相互渗透。墙外游人熙熙攘攘，墙内却幽雅宁静，咫尺之间兀自大异其趣。

在两间半的小瀛洲凉亭内，悬挂于墙壁之上的王原祁《西湖十景图》，可谓水色缭绕，景色宜人，且十分逼真。图中山石林木重峦叠嶂，跌宕的群峰，缭绕的云气，开阔的水域，给人一种旷远雄浑之感。古朴的建筑物点缀在山峦间，缥缈如仙人所居之处。《西湖十景图》是王原祁为康熙帝回忆西湖胜景所作。画中中的行宫，是康熙最后一次南巡时驻居之地，因此推断这幅作品在康熙帝最后一次南巡之后完成，大体也可以推测是王原祁70岁左右的作品。此卷原为清宫所藏，后溥仪以赏溥杰为名，将一批书画经天津运往长春。第二次世界大战胜利后，溥仪携卷至吉林省临江市时被截获。

王原祁画风是典型的文人画风格。画卷自杭州城的钱塘门至卷末的清波门城墙，首尾互相衔接，描绘的景物刚好是360度环湖一周的展示，在中国画中甚为少见。《西湖十景图》描绘了西湖的名胜，并用泥金书标示出125个景点，其中包括"西湖十景"，当时南屏晚钟之景，康熙认为晨早的钟声更好听，于是改成南屏晓钟，但后来人们照样说回南屏晚钟。如今除断桥上的亭子被拆除外，其他景点依旧保留着原貌。

画图留与人看

王原祁，字茂京，江苏太仓人。1670年考中进士后，官至户部侍郎，人称王司农。他在朝廷内专职为康熙绘宫廷画，清康熙四十四年（1705）奉旨与孙岳颁、宋骏业等编著《佩文斋书画谱》，清康熙五十六年（1717）主持绘《万寿盛典图》，为康熙帝祝寿。王原祁的父亲王揆是王时敏的次子，也是一名进士，被尊称为"娄东十才子"之一。他自小就受祖父王时敏的熏陶，酷爱学习，读书能过目成诵。十岁时，王原祁已能画出小幅山水画。有一次，王原祁把自己所作的山水小幅贴在书斋壁上。他的祖父王时敏看见后，十分惊讶，误以为是自己画的。王时敏当时自言自语道："吾何时为此耶？"当询问得知是孙子王原祁所画时，王时敏更加惊奇地认为，"是子业必出我右"。于是，王时敏潜心教导王原祁，讲析绘画的六法之要以及一些山水画的常识和理论。

少年时的王原祁就表现出了非凡的艺术天赋。当时同为"四王"之一的王翚是王时敏的入室弟子,王翚与王原祁相差十岁,两人不仅是朝夕相处的好伙伴,在绘画艺术上也是同出师门。尽管那时的王原祁还是个孩子,而王翚在画艺上"已臻上乘",他们在互相创作中互为学习,王翚对于王原祁的影响和指点长达十载。

15 岁的王原祁就考中秀才,28 岁中举,次年中进士。刚年满 30 岁就开始步入仕途。受家学的影响,董源、巨然、李成、范宽等一批宋元名迹成了他的临摹范本。祖父王时敏又亲手为他绘制了《仿自李成以下宋元名家山水册》,使他能深刻体会和理解摹古的要诀。这种常人难得的具体指点,让王原祁的画艺在 20 岁时就有了相当的水平。他才小荷时,已崭露头角,与其祖父同辈的王鉴向王时敏评价王原祁时说:"吾两人当让一头地。"

受到鼓励的王原祁不仅练就了深厚的"童子功",还在后来的画坛上拥有了一席之地。1693 年王翚的《南巡图》完成,此图呈现给康熙时,大获赞赏。这给"王派"画在宫廷的地位奠定了稳固基础。由于王翚无意于京城的发展而回归故里,这却为王原祁后来在京师宫廷的成就创造了难得的机缘。当时康熙因朝政所需,促成王原祁作为汉族文人画正脉的代表而进入宫廷,这一历史际遇,也得益于王时敏、王鉴的名声,更依赖于王翚的影响。

据史料记载,王原祁有很长一段时间居住在京城西北郊之海淀的皇家园林畅春园内,绘事公务兼顾。他在南书房时,康熙皇帝时常去观赏他作画,并为王原祁亲笔题字"画图留与人看"。为了感念皇恩,王原祁将此题句刻成印章。他又奉命鉴定内府收藏的古书画,与孙岳颁、宋骏业等编撰《佩文斋书画谱》,他主持绘制《万寿盛典图》。在此 20 年间,王原祁以其独特的身份地位,创造了具有历史意义的清代正统派绘画的规范。

他的出蓝之道

王原祁作为"四王"之一,其姓名在康熙年间是极其知名和响亮的,他几乎就是当时画坛领袖的同义词。不仅出身名门,又是高官,还深得皇帝器重,他的身上,让人看到了无数个成功的光环。王原祁的门生弟子尤多,在"四王"的大派系中又形成了一个以王时敏、王原祁祖孙为首的小绘画流派——"娄东派"。"娄东派"的名称来自"二王"的籍贯太仓。娄江东流经过太仓境内，故而活跃于此地的画家名为"娄东派"。该派中的主干画家大都是传承王原祁衣钵的，但他的门生弟子并非都是太仓人。

由于他的画风深得皇帝的喜爱，许多作品为宫廷所珍藏。专门记录宫廷藏画的《石渠宝笈》初编、续编、三编一书中，共收录了他的作品99件。因为与皇帝的这层关系，他的许多弟子如唐岱、金永熙、王敬铭等都纷纷进入宫廷"画作""如意馆"供职，成为清康熙、雍正、乾隆的御用画师。他的画风不但深入宫廷画家中，而且对于任官的画家和贵族宗室画家的画风亦有极大的影响力。

他众多的弟子又推动了王原祁画艺的传播，扩大了其画风在当时社会的影响。他的绘画思想深受其祖父影响，极为崇拜元代画家黄公望的画艺。他曾说过："所学者大痴也，所传者大痴也。"他身体力行地临、仿黄公望的作品甚多，书画题记中推崇黄公望画艺的文字更是不少。他又涉猎吴镇、王蒙、倪瓒的画法，这让他的绘画艺术成就颇高。

以笔墨功底见长的王原祁，在作画时速度较慢，多遍的晕染，由淡而浓，由湿而干，层次非常丰富，并且在关键处以焦墨破醒，使之浑然一体。他笔力雄健，自称笔端为"金刚杵"，以示其运笔强劲之力度。他浅绛设色画，墨与色融为一体，"色上有墨，墨中有色"，亦是得之于元朝画家的技法，又加入他自己的独到之处。

进入中年的王原祁，开始求"出蓝之道"，现藏于故宫博物院的12开《山水册》，基本上可以代表王原祁所仿的最高成就。"大痴画至富春长卷，笔墨可谓化工，学之者须以神遇，不以迹求。若于位置皴染，研求成法，纵与子久形模相似，落落从上。"尽管他仿的与原品景致大体相似，却干墨重笔皴擦，气象浑沦，明显带有王原祁自己的风格。

在他的绘画构图中关于"龙脉""开合""起伏"的理论是构成他作品根基的基本法则。这是实现他在艺术理想和独特绘画风貌上的重要表现手法。注重结体的三要素，它们有着内在不可分割的联系。如他在仿倪瓒的作品中，将云林的空灵演变为郁密的结体，用开合起伏互补的艺术逻辑，以一条"龙脉"贯穿其中。在"四王"中也只有王原祁表现了这种富有个性而又复杂的结构形式，特别是在非同寻常的巨幅画卷中，从容运用于绢素，较系统地将绘画中的技术语言上升到相对抽象化的艺术形态。

位于太仓市太平南路的一处江南园林风格的建筑里，虽没有雕梁画栋，但灰瓦白墙，线条分明，在绿树掩映下，现代又朴素的太仓名人馆就坐落于此。这是一方闹中取静之所，仿四合院的格局，中心是个"口"字形的天井，顺着走廊，能看到一个又一个规模颇大的展厅，分别为"文苑撷英""翰墨清芬""名宦乡贤""中外院士"等八个部分。"四王"的历史陈列和作品选集都在"翰墨清芬"这一部分中，并进行了多媒体展示，这也是让更多人了解娄东文化的窗口。

"幽谷苍苍拥烟树，树底明流沙石布，画中取势作低平，已是人间最高处。"十月的太仓丹桂的香气一点都不输杭州，清早在名人馆旁的东园里，晨练的人们或舞剑，或打太极，或欣赏着园内风景，观假山上喷射的飞泉，嬉戏于一泓甘露之中，与锦鲤互相问好，生活在娄东大地上，依然沐浴着娄东文化的清风，徐徐而奋思。

（2015年10月发表于《金太仓》杂志"专化专栏"）

王掞：遭康熙皇帝痛骂的大学士

小引：王掞（1644—1728），清朝官员。字藻儒，一作藻如，号颛庵、西田主人，江苏太仓人。他是明朝首辅王锡爵的曾孙、"四王"之一王时敏的第八个儿子。清康熙九年（1670）中进士，授编修，官至文渊阁大学士。因屡次上书请立太子，惹怒康熙帝受到冷遇。他在康熙帝临死前获罪，因年老体弱而宽免。清雍正六年（1728）卒，著有《西田集》等。

祖孙"宰相"

在太仓新华东街与府南街交叉口有一座"王锡爵故居"，门口挂着"大学士第"的匾额。它与张溥故居同在一条路上，两处间隔1千米。这里原是"太师第门楼"，始建于明朝万历年间，现存的门屋与王氏宗祠有三进，门楼面阔五间，门厅左右为上下两层。

走进大门，首先看到一张"大学士第"示意图，图上标明"大学士第"内建有澄观堂、鹤来堂、燕喜堂、三余馆四幢主体建筑，西侧是王氏小祠堂，东侧是王氏大祠堂，现在"大学士第"只剩临街一幢门厅和一幢祭殿。

祭殿现为明朝首辅王锡爵生平事迹展厅，王锡爵可称得上是太仓历史上官位最高的人物。从展厅记载上看，王锡爵家为北宋真宗时宰相王旦后裔。元初，王氏族人为避战乱而南下，其中一支迁徙到太仓浏河，王锡爵为太仓王氏第十一世孙。

王锡爵儿时拜太仓举人潘子禄为师，经学功底深厚。他13岁考中秀才，25岁中举，29岁参加会试，取得会元、榜眼两项殊荣。中榜后他任翰林院修撰，从此步入政坛，先后担任过翰林院侍讲学士、国子监祭酒、詹事府詹事兼翰林院掌院学士、礼部右侍郎、内阁首辅等要职。

明万历十六年（1588），王锡爵的儿子王衡，参加顺天府乡试，又位列第一，授任翰林院编修，后辞官归隐，中年早卒。少年时王衡就聪颖过人，喜欢古文诗词，并得到当时文豪王世贞的指点，撰写的《列朝诗集小传》让他在14岁时就名满天下。

王衡的不幸在于丧妻，他娶父亲王锡爵的好友女儿金氏为妻。金氏贤淑有礼，不料婚后没有几年就去世了。当时王锡爵写道："其幼女适余子衡，为原配。贤孝有女德，不幸夭。"王衡继娶的徐氏，在明万历十二年（1584）也不幸而亡。

徐氏去世后的第二年，王衡再娶冯举人之女冯氏，这对伉俪未过满十年，冯氏也因病离开了他。三度丧妻的王衡，悲痛万分，虽为翰林院编修，但没有心思从政。他提出辞呈，归隐故里，过了一段读书著书的清闲生活，著有《郁轮袍》《真傀儡》《没奈何》等杂剧多部。年仅47岁时，王衡郁郁寡欢而终。

王衡的儿子王时敏似乎延续了父亲的才情，钟情于山水绘画。他少时受到董其昌的指导，从摹古入手，深究传统画法，达到登峰造极的地步，是中国山水画中一朵瑰丽奇葩，开创了"娄东派"，并引领清代画坛300多年。

王时敏的子孙众多，他最喜欢的是第八子王掞和次子王揆的儿子，也就是王时敏的孙子王原祁。王掞聪敏伶俐，博学多才，而王原祁专研山水画，擅长临摹。两人同在清康熙九年（1670）高中进士。传说当时喜报送达府上的时候，诗人吴伟业正在他家做客，闻听双喜临门，立即向王时敏道喜，笑言："那个老天爷啊，应当是您家门下的清客吧？探听到主人所想要行的事，就巧妙趋奉，让主人事事如意。"

正如"天意"那般，王掞后来也仕途通达，官至大学士。因此人称"祖孙宰相""两世鼎甲"。王锡爵夫人、儿子王衡和孙子王时敏又都荫赠一品，故称"四代一品"。

尽忠心王掞犯龙颜

在我国的封建社会中，按照封建宗法制原则，通常实行公开的嫡长子继承制。

从清康熙朝开始，沿用中原各王朝立嫡长子的做法确定皇位继承人。但是由于康熙几次废皇太子，出现了"九子夺嫡"的惨剧，所有成年的皇子都被卷入了这场争斗。

康熙帝的长子承祜4岁病死。康熙帝夭折的子女不在少数，但唯有承祜的死给他带来的震动最大，也唯独承祜的死得到了他"痛悼之"的行动，并有明确记载。承祜为康熙真正的嫡长子，生来即得父母的无尽宠爱。只是承祜有福无命，来生之福尽被其弟胤礽占尽。他的夭折，不失为皇后早逝与胤礽幼立太子的一大诱因。

康熙正式册立胤礽为皇太子的吉日正是承祜的生日，农历十二月十三日。清康熙十四年（1675），康熙立刚满周岁的二阿哥胤礽为皇太子。胤礽的命运也是多舛，他出生仅两个时辰，22岁的生母皇后在坤宁宫辞世。

这两件事在当时年轻的康熙帝心中留下了挥之不去的阴影。尽管伤心，但对于这位皇后以生命为代价孕育的皇子，康熙帝感慨万千，道出"胤礽乃皇后所生，朕煦妪爱惜"之语，因此即便是日理万机，仍坚持亲自抚养这个生而丧母的哀子，对其宠爱至极。

胤礽被正式授予了象征皇太子身份的册、宝。他是清代历史上唯一一位行正式册封礼的皇太子。他自幼聪慧好学，开讲经筵，主持祭祀紧序有秩，在方方面面胤礽做得都很到位。但长期的养尊处优及错综复杂的政治斗争，最终使其人格分裂，贤德不再，变得骄纵与蛮横，并结党营私。

当时，王掞作为皇太子胤礽几位师傅中的一位，并不十分显眼。他学识渊博，为人正派，深得康熙帝的信任，委派他担任皇子们的师傅已经多年。对康熙帝的托付，他忠心耿耿，不敢有丝毫的懈怠，教导皇子们尽心尽力，给他们讲书，也教他们做人。

王掞在多年培养胤礽的生涯中，或许最初有着政治投机的想法，但之后却是将一生的心血与政治抱负倾注在皇太子身上，对其有着密切的师生情，更有着殷切的希望，他愿皇太子胤礽将来能够成为一个好皇帝。

据传，皇太子胤礽在无度挥霍财产被追缴国库时，王掞将自己仅有的几千两银子以送书的名义给了皇太子，皇太子感动得哭了，说当上皇帝以后要好好孝敬王掞，王掞却表示只要太子能成为一个好皇帝就心满意足了。

可康熙帝对胤礽越来越不满意。清康熙四十七年（1708）五月，他巡幸塞外期间发现胤礽几次窥探他的帐篷，怀疑皇太子要"弑逆"。当时刚满7岁的皇十八子有急症，胤礽无动于衷，被康熙帝认为其对手足无爱心，毫无做兄长的样子。加上其他的原因，促使胤礽与康熙帝的矛盾激化，康熙帝做出废胤礽皇太子之位重新立储的决定。

大学士王掞等人听闻之后，震惊不已。王掞始终以正统自居，他一生心血都倾注在皇太子身上，立即替胤礽据理力争，后又几次建议康熙复立胤礽为太子，引得康熙龙颜大怒。

最后，康熙帝恢复胤礽太子地位后，又再度废除。清康熙六十一年（1722），康熙帝病故于畅春园，统领隆科多宣布康熙遗嘱宣胤禛继承皇位，是为雍正皇帝。"九子夺嫡"以雍正取胜告终。而王掞在康熙临死前获罪，只因为其年老体弱，才予以宽免。

雍正即位之初，雍正帝借机令王掞退仕还乡，其儿子的封典也被取消。雍正帝对王掞父子一直耿耿于怀，并责王掞沽名钓誉。王掞死后，雍正也毫无表示，对于元老之臣，雍正此举似乎有些过分。

清初"四王" 关系都在画里

拥有"清初画圣"之称的王翚，21岁拜王时敏为师，王掞是王时敏的第八个儿子，两人关系很好，时常一起读书学画，像兄弟俩一般。王掞是王时敏儿子中仕途最为顺利的，其20岁中举后，便一路升到了内阁学士、户部侍郎。他在仕途一帆风顺时，没有忘记好兄弟王翚，总想为他留在京城当官铺路。

王翚，字石谷，生于常熟书画世家，五六岁时就能画得有模有样。王翚家境不是很好，但他极有绘画天赋，又勤奋，拜在太仓王时敏门下学画，很得其欢心。王时敏是康熙朝的户部侍郎，他对王翚这个徒弟，不收学费，管吃管住，还让他随便看自己收藏的名人字画。要知道，在图像复制技术低下的古代，能够大量观赏临摹真迹，是非常珍贵的机会。

王翚也没让他失望，他的仿古作品几乎可以乱真。对此，王时敏激动地说："不图疲暮之年得遇石谷，且亲见其盘礴，如古人忽复现前，讵非大幸？然犹恨相遇之晚，不能不致叹于壮盛之缘悭也。"（《西庐画跋》）大意是：我这么老了，还能遇见他，亲眼看到他一笔笔画出佳作，就像古人附体，简直太幸运了。但还是相见恨晚啊！恐怕我没有多少日子能和他同在世上了。

当时王时敏已经是60多岁的老人。这位师父对天才徒弟的自豪和疼爱，竟然到了遗憾自己来日无多的地步。师徒缘分持续了二十多年,直至王时敏去世,王翚在灵堂上和王掞抱着灵柩,痛哭不止,难以自持。

在1666年的时候,王掞和王原祁一起秋试中举,喜报接连送到家中。王翚也高兴得不行,特意花了好多天时间,精心细致地给王掞画了一幅《山窗读书图》,作为庆贺。这幅画作幽静高古,白云、瀑布、楼阁分布于山林之间,而山脚处一间茅屋内,有一人正在窗前读书,那人便是王掞。

两人几十年友谊,亲如骨肉,这幅《山窗读书图》虽然好,但还不够代表两人的友谊。王翚送给王掞的画中,最为走心的一幅是《江山卧游图》。这是一幅六米长卷,内容之多,布局之巧,用笔之细,内容之繁,令人惊叹。画完这卷时王翚已经65岁,他用心至极的这卷《江山卧游图》,不仅是为了好兄弟王掞,还在这张画里实现了"集大成"的梦想,融南北宗为一卷。

南北宗说法虽是董其昌提出来的,但在北宋南迁以后就开始出现区别了。在清初,中国的山水画中"南宗"才是正道,大家的画风都是"雅致疏散",但王翚敢于融合"北宗"山水的笔法,这也是他不同于其他"三王"的地方。

王翚留白手法很高明,总是在快节奏的层峦叠嶂之后,画一片开阔平静的水面,舒缓一下节奏,让观者透口气儿,而画面整体气韵又不至于断掉,正是"疏可跑马、密不透风"。王翚的画,渔樵耕读、士农工商,包含各行各业的人物,充分表现了他对于世间之事的人文关怀。王翚从创作《江山卧游图》这幅手卷开始,一直到离开京城,他一直住在王掞家中,多蒙王掞照顾。尽管他比王掞年长13岁,但在手卷题识中,他还是称王掞为"颛翁老先生",可见其对王掞的尊敬。

西山大悲寺碑文之笔误

北京西山八大处敕建大悲寺的阶前,有一块距今三百多年的碑,其上刻有"文渊殿大学士兼礼部尚书加四级娄东王掞撰并篆额"。此碑撰于清康熙五十一年(1712),立于清雍正二年(1724)。碑上王掞的头衔"文渊殿大学士",似有不妥之处。

王掞的"文渊殿大学士"头衔应为"文渊阁大学士"(《清史稿·王掞传》)。文渊阁大学士源于唐朝,成于明朝。唐代有宏文馆学士、集贤院学士,为掌文学著作之官,尝以宰相兼领知馆、院事,称大学士。宋朝沿之,对学士中资望特高者,加"大"字。及明洪武十三年(1380)废丞相及中书省后仿宋制设大学士,以为皇帝顾问。

在《钦定大清会典》中有此记载。清朝参照明制,大学士的名称前要加殿、阁衔,为"中和殿大学士""保和殿大学士""文华殿大学士""武英殿大学士""文渊阁大学士""东阁大学士"。其中以"中和殿大学士""保和殿大学士"最尊,不常授予,前者仅授四人,后者仅授一人。

明朝时以侍讲、侍读学士等翰林官参与机务,入内阁。至明中叶,遂以大学士为内阁长官,替皇帝起草诏令,批条奏章,商承政务。稍后,以尚书、侍郎入阁办事,兼大学士,加官至于一品,乃成为事实上的宰相。

清朝设立军机处,大学士职权为军机大臣所代替,其称仅为荣衔,授予军机大臣及内外各官资望特高者,为正一品。乾隆时废"中和殿大学士",改设"体仁阁大学士",形成"三殿三阁"的局面。其中以一人为"首辅",掌票拟之权,即决策权;以一人为"次辅",其余为"群辅"。

此处王掞的"文渊阁大学士"刻成"文渊殿大学士"是较为明显的失误,但此碑文刻于何年尚不得而知,除了笔误外,不能排除"刻误"的可能。

毕沅：梅花诗里泪满红尘

小引：毕秋帆（1730—1797），名沅，字秋帆，江苏太仓人，清代著名才子，状元，在政治、军事、文学和考证方面都很有成就。历任陕西、山东巡抚，湖广总督。"手种梅花一千本，冷艳繁枝绝尘俗。此花与予久目成，任教消受书生福。"他才华横溢，然而一生颇多起伏。又因当年廷试第一、状元及第被授予翰林院修撰。清嘉庆帝赐"活络丸"药，为解他的手足麻木。博学多才的他，潜心研攻经史，敬重文士，尤好扶植后进，除编撰《续资治通鉴》外，还修葺古墓，并成就了现在名闻天下的"西安碑林"，他写的梅花诗令后人无比寻味。

盐铁塘畔的毕沅府

由于平日里我喜欢去太仓图书馆借阅资料，故与之相邻的太仓博物馆便成了每次路过必去之处，从一楼到四楼，最常看的就是底楼的各种展览，从"四王"山水画作到历代瓷器，从精美象牙到玉石杂项，从古籍书画到文物陈列，等等，无不彰显娄东文化的气韵悠远。不久前，又有清代名人碑刻入藏博物馆，出于好奇我前去打听。这是在新华东路卖秧桥畔发现的两方碑刻，均呈长方形条状，花岗石质地，碑刻正面分别刻有楷书"培远堂毕界""理教福缘堂"字样，两碑虽已断裂，但字迹工整，清晰可辨。据称，这两块在新华东路铁塘东岸的碑刻出土地点与太仓状元毕沅的出生地相同，又因此碑石文字与毕沅母张藻著作名均有"培远堂"三字，由此判断这两方碑刻为清代毕沅家族宅第地界碑。

这位被娄东人称为"清代封疆大吏"的毕沅，就出生于太仓的一户书香之家。因其出生之时适逢天文大潮的日子,其祖父毕礼为他起了一个小名"潮生"。明朝末年,天下大乱,烽烟四起,为了躲避战乱,毕沅的高祖父毕国志把家从安徽省休宁县迁居至江苏省昆山县南、吴淞江之滨的昆山陆家镇,曾祖父毕祖泰一支又迁居太仓州西关的卖秧桥。这里距长江入海口不远,潮汐日男男女女涌向江岸观潮,因此毕沅曾有"予生恰值潮生日,花满天香月满轮"的诗句。毕沅的祖父毕礼虽然没有官运,但颇能持家,经过数十年经营,家境倒也殷实富足。

然而毕礼成婚数十年,膝下无子,这成了他心头最大的烦恼。只有积德行善方能儿孙满堂,于是,他到处做善事想换来一儿半女。他曾多次资助别人粮食、舟船,一些债户还不起债,他甚至当面焚烧债券,一笔勾销。有的人家贫穷,死了亲人无法安葬,他自愿拨坟地、购棺木帮助这些人。也许他所行善事,当真感动了天地,毕礼在中年时终于有了自己的儿子,这就是毕沅的父亲毕镛。青浦人张之顼的女儿张藻,在清雍正六年(1728)续弦给毕镛为妻,也就是毕沅的母亲。

毕沅的母亲张藻不仅能吟诗作赋,还能著书。李岳瑞《春冰室野乘》评论说:"国朝闺秀能诗词者多,而学术之渊纯,当以娄东毕太夫人为第一。"她著有《培运堂集》,清代著名学者王昶为之作序。毕沅的父母婚后生下三男两女,毕沅是长子。随后家庭的不幸接踵而来。5岁那年,一直十分疼爱他的祖母去世,9岁时曾祖母病故。毕沅的父亲又从小多病,身体单薄。原本对他寄予厚望的毕礼,见他整天病恹恹的,也只好放弃。这时的张藻勇敢地承担起教育子女的责任,开始为毕沅讲授《诗经》和《离骚》。

少年毕沅聪慧好学,母亲给他讲述一遍,他便可以复述。母亲为此十分开心,于是教之愈勤。毕母教子的事迹不胫而走,十里八乡的人都知道毕母的贤惠。毕沅12岁那年祖父和母亲决定送他去上学,跟随毛商岩学习当时科举考试必修的"制义之学",即学习"四书""五经"和《资治通鉴纲目》《历代名臣奏议》《性理大全》《文章正宗》等儒家经典和宋明理学著作,并学写八股文。诗词方面,毕沅大量阅读韩愈、杜甫、李商隐、杜牧等人的诗词作品,取其精华,因而他的作文渊雅而又深醇,一洗当时士大夫的侧媚之风。他刚入文坛就独树一帜,颇有名气,一时称为"神童"。

毕沅的长辈们知道,科举取士犹如沙中淘金,强中自有强中手。毕沅小小年纪,得到当地人的一片赞誉声,并不是什么好事情。于是决定送他到百里以外的灵岩山下一所更有名的学堂——砚山书堂读书。他于砚山书堂之侧建新家，起名曰"灵岩山馆"，并自号"灵岩山人"，又在距此不远处为自己预定墓址。那时，像毕沅这样出身于寻常百姓之家的读书人，要想求取功名就必须走科举取士的道路。

天降良机幸得状元

1753年，23岁的毕沅考中顺天府乡试举人。但是，后来两次参加"春闱"会试，均名落孙山。毕沅又无法一门心思专事读书科举之业，于是依从举人拣选制度，于清乾隆二十二年（1757）谋得了一个内阁中书之职。不久，又调任军机处负责收发文件。毕沅志趣高远，牢记母亲教诲，一定要为毕家门第争光。俗话云："三十老明经，五十少进士。"毕沅的老师、著名诗人沈德潜也是到了67岁才中的进士。毕沅如此年轻自然不肯罢休，于是他利用在军机处工作的机会，阅读了大量国家藏书。同时，他也关心天下大事，学习朝廷典章制度。

在军机处工作的他既"治事识大体"，又精明能干，大臣们都预言他将来准能成大器，这对毕沅的激励不小。清乾隆二十五年（1760），毕沅第三次参加会试。刚巧，他在军机处的两个同事诸重光、童凤三也参加这一科的会试。考试结束，三人便一起回到军机处照常工作，耐心等待放榜。当时，诸重光和童凤三已是颇有才名的文人，书法也写得好，所以平时有些傲慢。与这两人相比，毕沅虽然学问也不差，但书法则颇逊色，而考进士，书法能给主考官留下一个好印象，是十分重要的。

会试放榜前一天，照例该轮到诸重光值夜班。太阳还未偏西，诸重光与童凤三两人一起来到军机处值班房，毫不客气地要求毕沅当晚值夜班。毕沅一时弄得莫名其妙，忙问道："这是为什么？"诸重光带着几分讥笑，冲着毕沅说："秋帆兄是个聪明人，这其中的道理其实不说你也清楚，我俩的书法比你好，明天放榜倘若中试，还要去争取殿试鼎甲，所以要做些准备。而你的书法不行，即使明天榜上有名，殿试也最多不过考个三甲末名进士，难道你还敢有什么分外之想吗？"

毕沅无可奈何，只好忍气吞声地待在值班房值班。当天傍晚，朝廷将一份朱批奏折发到军机处值班房。毕沅闲坐无事，便打开阅读起来，原来是陕甘总督黄廷桂关于新疆屯田的一份奏议,上面有乾隆皇帝的御批。这引起了他的兴趣,便从头到尾,反反复复读过几遍。第二天会试放榜,毕沅、诸重光、童凤三均榜上有名,毕沅还是第二名呢。会试之后,三人都紧张忙碌地准备殿试。几天之后,三人又相逢于太和殿上。诸重光、童凤三得意扬扬,仿佛胜券已操,状元非他俩莫属似的。而毕沅因连续值夜班,休息不好,脸上带着明显的倦意。等到进入考场,拿起试卷一看,发现这次殿试对策的试题很特别,一反往常泛论经史之题,四道试题的问题都是关于新疆屯田之事。

原来,当时新疆刚刚平定叛乱,乾隆皇帝准备在那里屯田戍边,因此想借此机会选拔一些熟悉并能胜任这项工作的人才,于是亲自出了这些题目。平时熟读四书五经,一心揣摩笔帖书法的诸重光、童凤三,拿到试卷后顿时急得不知所措,好不容易静下心来,冥思苦想,写了一通,总算交了卷。毕沅心里则暗暗高兴!那天晚上总算没有白白值班。于是,他便根据那份奏折上所提的问题,结合自己关于屯田戍边的一些看法,答得特别顺手,顺利地完成了试卷。

考试本应以文取士,但清代皇帝重视书法,所以殿试便偏重了书法。毕沅的文章虽然提出了详细明确的对策,但因为书法欠佳,主考官将他排列在第四名。而诸、童两人因书法漂亮,分别位列第一、第二名。按照殿试规则惯例,状元、榜眼、探花"三鼎甲",一般是在试卷的前三名中产生。第三名以下,就只能列入二甲或三甲进士了。乾隆皇帝亲点状元时,发现前三名的试卷都不能令人满意,于是往下翻阅,读到第四名毕沅的卷子,虽然这份卷子书法一般,但其对策详赅明确,议论贴切,有许多独到的见地,与自己的想法很相近。乾隆皇帝心里非常高兴,于是抽拔置前,当场决定点为一甲第一名进士,即状元!诸重光因原来名列第一,总算凑合了一个榜眼,童凤三则列为二甲第十一名进士。此事后来慢慢传开,人们都说毕沅是天降福星。

乡情满怀三写梅花诗

毕沅精通经史,旁及金石学、地理学等,并善诗文,一生著作颇丰。历时20年,完成二百二十卷的《续资治通鉴》。他在其幕宾的襄助下,搜求善本古籍,校勘辑佚,编纂了许多有价值的著作,尤其在经学与史学方面做出了很大贡献。他潜心研攻经史,敬重文士,尤好扶植后进,"一时名儒,多招至幕府"。据洪亮吉记载,毕沅生平最爱礼贤下士,《更生斋集文甲集》记载:"毕沅爱才尤笃,人有一技之长,必驰币聘请,唯恐其不来,来则厚资给之。"著名学者章学诚、孙星衍、洪亮吉等皆曾受知其门下。毕沅撰写的《墨子集注》,直接指明诽墨始于孟子,提出《墨子》作为一种古代典籍,"不可忽也"。另注疏《道德经考异》《晏子春秋注》《吕氏春秋注》等。

毕沅广征博采,极注重历史和地理的关系,完成了王隐《地道记》和《太康三年地志》的辑佚、《山海经新校注》等书。在金石学上,广加收集铜铭碑刻,编辑成《关中金石记》《中州金石记》《山左金石志》《三楚金石志》《两浙金石志》等书。对先秦诸子也素有研究。他还是一位杰出的诗人,有《灵岩山人诗集》传世。同时,在他的主持下,整修了西安碑林、华岳庙,翻修了司马迁祠,修缮了苏东坡祠,重建了西安灞桥等。

清乾隆三十四年(1769)冬天,已任甘肃道台四年的毕沅身处异乡,他被浓浓的乡思所扰,茶饭不思,夜不能寐。一天,他早早起床,推窗一望,看见远山近树全都披上了一层银装,顿时,一种踏雪寻梅的冲动涌上心头。他想到拜在沈德潜门下学习时,因当时衣着寒碜而常被同学笑话,有一年冬天也是这样的大雪,他以"梅花"为题写下诗一首:"侧侧东风淡淡烟,萧疏最爱砚山前。琴中旧曲谁三弄,江上相思已一年。老干不花香亦烈,空腔著藓志逾妍。几湾流水千寻壁,有客冲寒正泊船。"

他只身一人披衣而出,在茫茫的雪地里漫游,他要寻找那一枝属于他的寒梅,他要效仿唐人"驿使寄梅",把那份浓浓的乡思连同梅花捎寄给千里之外的江南亲人。无奈,他在雪地里漫寻了整整一个时辰,空手而返,不过,他心中的梅花已经找到。毕沅回到衙署,磨墨展纸,满腔乡愁从笔底流出:"三弄音传绿绮琴,山人为尔入山深。有生孤注成高节,无意相逢惬素襟。妙处不关香色味,悟时已彻去来今。十年空谷云踪杳,薄蔼轻烟写一林。"此刻,毕沅诗思泉涌,攒积多年的思乡之情喷薄而出,十首梅花诗一气呵成。与以前十首梅花诗相呼应,又无限惆怅地加上了一段序言。他在序言中特别表达了对恩师沈德潜的思念。

转眼已到1789年的冬天,毕沅59岁。不久前,他刚被乾隆升任为湖广总督,虽说新官上任,但他没有丝毫喜悦,为官三十多年来频繁的波折和贬谪,以及乾隆的喜怒无常,使他对官场的风云变幻了如指掌,同时,也产生了强烈的退隐情绪。早在四年前,他已吩咐远在苏州的家人在灵岩山麓,即他当年的苦读之地购买了五十亩地,依山建造了一座规模宏大、景致优美的灵岩山馆,在山坡上栽种梅花一千株,又在山馆之中另建了一座问梅禅院。如今,馆已建成,但自己却不能前往,窗外雪花飞舞,想来江南的梅树一定已经花满枝头,暗香浮动了吧。此刻的毕沅,已完全被这种思梅思乡之情缠绕,他推开门,跌跌撞撞往雪地深处走去。

不知过了多长时间,毕沅满身泥水回到了衙署,寓居在此的好友徐友竹看见他一副狼狈相,忙问缘由。毕沅满怀深情地把自己思梅心切却访梅不得的感受说了一番,眼睛之中已噙满了泪水。他来到书房,一首《忆梅词》一挥而就:"香水溪,灵岩麓,翠微深处吟堂筑。门巷寂寥嵌空谷,手种梅花一千本,冷艳繁枝绝尘俗。此花与予久目成,任教消受书生福。春云荡漾日温暾,万顷寒香塞我门,一桥残月数村雪,茫茫玉蝶飞无痕……花灵曩日盟言在,垂订还山在几时。醒来凉月已三更,疏影依稀素壁横。香落琴弦弹一曲,尔音千里同金玉。花如不谅予精诚,请问邓尉山樵徐友竹。"

毕沅在诗中对寒梅倾诉了无限的思念和愧疚之情,在他心目中,"香水溪,灵岩麓"那片秀美的土地便是他魂牵梦萦的精神家园,官场充满险恶,他已无意久留,他想回去。可惜的是,那座耗资十万两白银,历时五年而竣的灵岩山馆,毕沅生前一日也没有住过。清嘉庆二年(1797),毕沅病逝于湖广总督任上。遵其遗嘱,他的灵柩被安葬在灵岩山的东北麓。

初夏,我站在卖秧桥上看着盐铁塘两岸的夹竹桃盛开,红一片白一片似云似烟,如前生梅花装饰在他的心里,那么今世红尘中,在他的故乡老宅基上,还有这片夹竹桃与他长久相伴。

(2014年8月发表于《金太仓》杂志"专化专栏")

陆增祥：一生痴迷于金石学研究

小引：陆增祥（1816—1882），字魁仲，号星农，江苏太仓人。1850年中状元。授翰林院修撰，掌修国史。第二年，因母丧回乡，离职服丧。1853年，陆增祥奉诏在乡督办团练，镇压上海小刀会刘丽川义军，击败响应太平军起义的周立春，收复嘉定。清咸丰帝诏加陆增祥五品衔，授赞善。后又授京察列一等、广西庆远知府。湖南巡抚看重其才，上书乞留用。

一举夺魁高中状元

根据太仓市新毛镇陆增祥"墓志铭"记载：陆增祥的六世祖陆毅，在清乾隆年间考中进士，后官至御史；高祖陆源，为举人，做过山东泗水县知县；曾祖陆锡蕃，为贡生；祖父陆廷，做过盐运司知事；父亲陆树薰，是举人。该墓志铭由清末著名画家汪学瀚篆盖，由精于篆、隶的书画大家陆懋宗书丹，清末著名经学宗师俞樾撰文。俞樾与陆增祥情谊笃深，他不但为墓志铭撰文，还写挽联一副："四五月间，访我楼头，茗碗清淡到金石；三十年前，附君榜尾，蓬山旧梦落江湖。"抒发了同科榜魁与殿后两进士惺惺相惜、引为知己的情感，并追忆了相互交往，在品茗清茶的同时研讨金石等学问的情形。

陆增祥有兄弟姐妹四人，兄名陆增福，长陆增祥一岁。兄弟俩少时皆聪慧好学，1844年在南京乡试中双双中举，而且他们兄弟俩皆通汉唐注疏之说，故时有"二陆"之称誉。可惜陆增福早卒于1846年，时年31岁。另有两个妹妹，因封建社会重男轻女，其事不详。陆增祥育有五子，长子陆继德、次子陆继辉和五子陆继昌，也均走上仕途。特别是次子陆继辉，青出于蓝而胜于蓝，1871年考取进士，授翰林院编修，先后当过顺天乡试同考官、湖北乡试正考官、江西乡试副考官，还当过陕西汉中知府、河南汝宁知府。并继承其父的研究，著有《八琼室金石补正续编》。

陆增祥与兄至孝。1833年，陆增祥的父亲在上京赶考时病死于京城，其时陆增祥18岁，丧归时，他与兄膝行迎丧数百里，见者无不动容，称他们为孝子。此时家道衰落，然尚有兄为主支撑。兄卒后，重担全压在陆增祥肩上，只能靠教私塾维持。这时陆增祥一心侍奉母亲和寡嫂，无意进取功名。1850年会试，他再次想放弃机会，其母责备他："尔父、尔兄皆赍志以殁，今所望惟汝矣。余与汝嫂、汝妇，恃十指犹不致饿死，汝奈何不往？"意思是说，你父和兄在仕途上均壮志未酬，现在全靠你了。我与你嫂、你媳妇，凭自己的双手，总不至于饿死，你为什么还不去应试？言下之意获取功名就是最大的孝道。一语点醒梦中人，是年陆增祥进京，一举夺魁，高中状元。

获取功名就是孝道

当时，在学术界占主流的学术思想和流派是考据学。少年时的陆增祥追逐时代潮流，研习考据学，特别是古文字学。年纪不大，便精通"六书"汉字的六种造字方法，在江南一带颇有名气。像其他文人一样，他也热衷于科举，以此为进身之阶。清咸丰皇帝君临天下的第一年，陆增祥在"庚戌科"殿试中一举夺魁。陆增祥按惯例入翰林院为修撰，掌修国史。他从此踏上了风云变幻的政治舞台，开始了他的仕宦生涯。老母在他大魁天下不久去世，陆增祥离职回家服丧。

1853年，洪秀全的太平军进占南京，改名"天京"，作为都城，正式建立"太平天国"。在长江南岸，出现了一个与清廷敌对的政权，咸丰皇帝寝食难安。他督责臣子进剿。在家服丧的陆增祥也奉诏督办团练。陆增祥很卖力，他与太仓州知州蔡映斗率兵击败在青浦响应太平军起义的周立春等人，收复了嘉定。咸丰皇帝闻讯，赏他赞善一职。

陆增祥入京就职，充任"丙辰科"会试同考官。1863年，陆增祥出任湖南辰沅永靖道道员。辰沅永靖道毗邻四川、贵州，地处三省交界地带，且各民族杂居，甚为难治。陆增祥到任，缉捕奸贼，安抚民众，政绩卓著。陆增祥在辰沅永靖道做了四年道员，因病辞归田园。他的仕宦生涯就这样匆匆结束了。

陆增祥退出官场后，更是潜心治学，"以一人之力，积廿年之功，成百卅卷书"。他热衷古文字学，特别是金石文字，研究铜器、碑石、竹简等一般文物上的文字铭刻及拓片。他搜集汉魏以来碑志3500余通，积录了大量的金石文字，撰成《八琼室待访金石补正》，全书共一百三十卷（现存于国家图书馆）。书中所收石刻和其他器物铭文达3500余种，较《金石萃编》多出约2000种。全书体例仿《金石萃编》（现存于上海图书馆），但碑刻、器铭都录全文，《金石萃编》已著录者则不再录全文，仅摘出《金石萃编》中的某些错误，据旧拓本或精拓本加以订正。对《金石萃编》所引诸家题识，有遗漏者则补之。书中所收仍以石刻为主，兼收少量器物铭文和一些砖铭。石刻等物的年代从秦汉到辽、西夏、金。此外，又收朝鲜碑刻十余种，还有越南、日本各一种。此书内容远比《金石萃编》丰富，录文也更精确，是继《金石萃编》之后的又一部金石学集大成之作，也是清代金石学的殿军之作。该书稿写成后未能马上刻印，一直到1925年，才由刘氏希古楼刊行问世。1980年文物出版社曾用雕版刷印，1985年又出版了缩印本，还有其他一些出版社（如文海出版社）也出版了该书。

陆增祥把收集到的汉、魏、晋、宋、齐、梁等各朝的千块古砖，精选三百，雕琢成砚，拓墨本跋之，按编年撰记，题曰《三百砖砚录》，并将自己的书房命名为"三百砖斋"。他还著有《吴氏筠清馆金石记目》六卷、《篆墨述诂》十二卷、《楚辞疑义释证》八卷等，其中《红鳞鱼室诗存》二卷现存于国家图书馆。

此外，陆增祥的书法扇面也极为精美，具有较高的艺术价值，受到时人追捧。在生命的最后几年，陆增祥竭尽全力撰著《古今字表》，可惜书稿尚未完成，他便病逝了，享年67岁。陆增祥无愧为一代学问巨匠，他在金石学、古文字学上的贡献，将永垂青史。

"痴官"陆增祥

清代众多苏州状元之中，太仓人陆增祥是比较特殊的一位，他一生痴迷于金石学研究和砖砚收藏，均有大成，但由此也获得了一个"痴官"的绰号。

陆增祥的外叔祖钱侗，系当时最为权威的金石学著作《金石萃编》的编撰者之一，而其私塾先生也痴迷于金石学研究，所以陆增祥自小受到熏陶，对金石学情有独钟。

入仕之后，陆增祥对金石学研究更为痴迷。初受《金石续编》作者陆耀遹子嗣之托，校订《金石续编》。该著原意欲弥补《金石萃编》之不足，但在校订中，陆增祥感到此书所收碑数实嫌不足。以《筠清馆金石录》收录之丰与《古泉山馆金石文编》审核之详，两书却不传，而《十二砚斋金石过眼录》又疏于考校，凡此种种，令陆增祥深感必须另撰新著。于是他如痴如醉地钻研和积累资料。在广西、湖南为官之余，他竭力搜访两地之罕见碑刻，并注意收集砖文和造像记载等民俗资料。还通过亲戚、僚属进行收集或借录，或者自购于市肆碑贾，或请人深入山林搜访。凡所知之碑刻，必一一目验墨本，始为征信。不仅如此，即便《金石萃编》或《金石续编》已著录者，亦详加审订，不假他手。同时，举凡金石学专著、方志乃至文集、杂著、游记题跋考释，无不广为引证，并参以己见。由于醉心于金石学研究，对仕途、钱财却不甚上心，故有"傻官""痴官"之称。

陆增祥对砖砚的痴迷既受母亲娘家嘉定钱门学风的影响，又受家庭的熏陶。其父善书法，他对砚台和笔墨均有要求，常说"工欲善其事，必先利其器"，工具不行，写不出好字。陆增祥自小喜欢看父亲写书法，并仿之，同时喜欢把玩和研究砖砚，在读书之余，就已开始注意收集古砚。

随着陆增祥对金石学研究的深入，他对砚台也更加痴迷。他认为作为"文房四宝"之一的砖砚，与其他"三宝"最大的不同在于它具有金石特性。他还尝试自己动手雕琢砖砚，按自己的审美观点设计砖砚的大小、形状和纹饰，在刻写铭文时，注意将古砖年代表述清楚。在亲自动手的过程中他进一步尝到了创造的乐趣，更加乐此不疲，甚至废寝忘食。

从此以后，陆增祥在收集古砚的同时，亦痴迷于收集古砖，用了十年时间，采众家之长，根据砖块的不同形状、品相精雕细琢出三百多方大小不一、纹饰各异的砖砚，而且砖砚上均有他亲刻的铭文，加上陆续收藏到的一些砖砚精品，为中国古砚史研究留下了宝贵的文字资料和大量实物。故时人评说，"晚清收藏砖砚以陆增祥的八琼室为最"，"陆增祥收藏之大家也"。

陆增祥为官清廉，辞官时没有什么积蓄，只有在各地搜集到的砖石碑刻一直伴随着他。在归家的路上曾碰到强盗打劫，开始时强盗看到其行李沉甸甸的，心中窃喜，可是打开一看，却大跌眼镜，只见里面全是砖块石头。再仔细搜查行李和众人，结果还是如此，强盗不由大叫"倒霉""痴官"，呼啸绝尘而去。这就更进一步坐实了陆增祥"痴官"的绰号。

下卷

7 近现代

唐文治：近代教育中的"唐调"吟唱法

小引：唐文治（1865—1954），字颖侯，号蔚芝，晚号茹经，原籍江苏太仓。20世纪初，社会转型让中国传统的知识分子们带有独特的"近代"气息，唐文治是在20世纪之交领风气之先的人物之一，而他的生命历程，恰好契合了时代变迁的轨迹，成为中国现代工程教育的先行之人。他峥嵘于世，破窠白藩篱；他淡薄虚名，一生唯实，是一位审时度势的教育家；他是位弃官从教、以身酬业的传奇人物。

唐氏与"唐调"

"欧阳子方夜读书，闻有声自西南来者，悚然而听之，曰：'异哉！'初淅沥以萧飒，忽奔腾而砰湃，如波涛夜惊，风雨骤至……"初次听到"唐调"表演，是在一场诗歌雅集上，作为非太仓人的我，听一群孩子用本地方言背诵文言文时，竟然有些恍惚。仿佛回到童年的时光里，那些昏黄的煤油灯下，混合着扑朔迷离的声音，是被打在砖瓦上又反弹回来的背诵之音，既铿锵有力，又朗朗上口。同时，带着神秘。

我的记忆只能停留在过去，而无法追溯过往。虽共同生活在吴语系中，虞山的方言与娄东的方言还是有很多不同之处。如今普通话普及后，越来越多孩子接受的教育都是以普通话为标准，学校都以普通话交流。甚至在家里，上一辈的老人也要迎合孩子讲一口"国语"。对于方言这种具有特殊感情的语言而言，现在我们又在努力地苦苦追回。

目前，唐调这种中国独特的诵读方式已濒临失传。为了抢救、传承中华吟诵，有关部门建立唐文治纪念馆和唐调研习所。唐文治先生的"唐调"，用的是太仓话的读音，可吟诵之法来自古文一派的传承，上承明代唐宋派。据称，其属于桐城派吟诵所传的一支，读法与作文之法相通，讲究一个"气"字，以音之高低长短、轻重缓急，表达和体会字与句、句与段之间的关系。

诗文吟诵虽然在中华大地上有着几千年的历史，然而因古代没有录音技术，书面符号形态的音尺音谱又无法记录，所以从汉儒、唐宋八大家直至清朝桐城派古文，均无吟诵声音资料传世。中华吟诵有多种地方流派，如唐调、云南调、山东调、平江调。唐调是晚清至1945年前后，保存、传承得最好且最易吟诵的诵调，被誉为"穿越时空的中华传统吟诵第一调"。

唐氏的"唐调"具备了唐调的基本结构和各种变化。不仅保存了唐、宋、元、明、清古人吟诵诗文的基本特质，读诗、词、文章皆可，而且其方言、古调的传统韵味很强。唐文治并不是唐调的首创，但他将其发扬光大。"唐调"也是因唐文治先生而得名，1934年，唐先生两次赴华东电气公司录制读文唱片。第一次"读文四篇"，第二次"讲演孝、悌、廉、耻及读《诗经》《左传》法。"同时发行的有《唐文治先生读文灌音片》十张。

唐调名噪天下，也是由这十张唱片而起，当时发行远销至海外，成为中华吟诵的代表者。太仓的档案馆至今还保存着一套胶木质地的录音唱片，但受当时录音条件所限而音质不佳。而流传民间的唱片，现在能听者亦是寥寥。

躬身实践为治学

坐落于太仓城东的岳王，是座迄今已有五百多年历史的古镇。镇内道路纵横，河道密布，横贯全镇的杨林河连接着长江与太湖。在石头塘与杨林河交汇之中，自青龙桥东折而南，由南渐折而北，由北又渐折向东，迂回曲折如鹤颈，古时就有鹤湾观潮之景。

唐文治就出生在这条古河道之畔的陆氏宅第静观堂里。1862年12月3日，盼孙心切的祖父唐学韩迎来了一个男婴，并为其取名"治"，寓意"通经治国"，取字"颖侯"，寓意"聪敏颖慧"，取号"蔚芝"，寓意"德馨芝兰"。唐家是儒生之家，自以诗书传家、授塾为业，唐文治6岁时就能熟读经书。14岁时，他先后能读背儒家经典《孝经》《论语》《孟子》《诗经》《尚书》《易经》《礼记》《春秋左氏传》，并做好了应试科场的准备。15岁考取秀才后，他读书更加刻苦用功，读完了《史记》和"春秋三传"中的《公羊传》《谷梁传》，并开始学习写作古文。

堂堂男儿志在高远。17岁那年，唐文治正式拜师受业于太仓名儒王祖畲门下，这是唐文治一生学业旅程中所拜的第一位名师。王祖畲给当时的唐文治留下了深刻印象，他让唐文治明白，治学首先要明辨义和利，做人首先要确立好品德，读书人要"知行结合"，读书是用来充实思想的，还要躬身实践，所以他在自己的平生中奉行圣贤的思想。王祖畲的思想学说不仅使青年唐文治获益匪浅、学业精进，而且影响了他的一生。

刚成年的唐文治在考中举人后，北上进京考进士。原以为能一帆风顺地进入仕途，但此路非比寻常，除去自身努力以外，还需要机遇。首次进考并没有如愿以偿，他索性回家继续研修理学。三年后又赴江阴南菁书院应试，录取后，他在南菁书院度过了四年的研修学习时光。

在研修学习中，唐文治对当时青年学者的治学风气有所关注，深入思考，逐步明确自己应该践行实事求是的正确学风。他在日记中写道：做学问原本在于躬行，如果学者勇于以儒家之道自认，就不必论及他是否在有意标榜自己。

当28岁的唐文治第五次参加进士考试时，通过殿试、朝考，终于成为新科进士。在长达15年的为官时间中，他从江西司主事一直升任至农工商部署理尚书。在京城为官期间，唐文治不仅为官清廉，积极促进中国社会进步，同时还兼顾文化教育，始终保持着儒家学者情怀。

鉴于世界潮流的发展和国内教育革新派的呼声，1905年科举制度被废，但清廷仍按科举制度给学校毕业生及留学生以各种"出身"，如举人、贡生、进士等，并且授予不同等级的官职。唐文治认准了教育"为立国之命根"，必须"学术日新"，国家才有振兴之望。因此，他一方面呈文要求当局采取措施，铲除封建科举制度的残余，兴办学堂，建立一整套全新的教育制度培养一流人才；另一方面他并不坐等当局实施措施，而是在办学中执行新措施、新办法，把改革付诸实践。

创办"上海交大"

唐文治人生道路的重大转折点在1906年，这年他的母亲病重去世，回到家乡居丧的唐文治从此弃官不再涉足政坛，但他有一颗教育兴国之心，一心想为国家培养一批"求实学，务实业"的人才。次年，唐文治进入上海高等实业学堂,此校为上海交通大学前身。他进行了系统有效的教育改革,在他任校长的14年里,奠定了该校的优良校风和学风。

他办学重视人文精神的教育。一方面他汲取西方先进经验,为培养科技人才所用;另一方面他在培养人才过程中坚持民族自尊,以悠久传统文化的精华来培养学生,并把两者结合起来,塑造热爱祖国、道德高尚、人格健全、身体健康、掌握先进科学技术、为振兴中华贡献力量的人才。

在培养道德品质、掌握先进科学技术和锻炼强健体魄三者关系上,唐文治观点鲜明,强调道德是基础。作为校长,唐文治不仅对学生要求十分严格,同时对学生生活、健康成长非常关心。他在办公室里挂着"惟天生才皆有用,他人爱子亦如予"的对联,提醒自己要爱护学生。他要求教师以身作则,他说:"师长对于学生,朝夕相见,礼仪无失,于其疾病缓急,加以调护、扶持,学生自能感化于无形,而为仁厚之君子。"

他和悦近人,挚爱学生,经常在晚上让人提着灯笼到学生宿舍去看望学生的生活、学习,到膳厅与学生同桌用膳。学生考试期间,上级请他去开会,他答复说:"学校正值考试,校长不远行。"学生有事,他必亲自关心。当时学校里除设置土木、电机等专科外,还办有小学、中学,唐文治对中、小学的学生们同样怀有很深的感情。一次,有两位年幼学生因病夭折,唐文治听说两位同学病逝,悲从中来,因两位同学皆姓薛,他立即含泪写下《哀二薛文》,其爱学生的真挚情感由此可见。

唐文治关注学生的学习,包括到校外工厂实习等都亲自写信联系。他十分关心学生的前途命运,土木科学生到路局实习,唐校长即通过有关路局局长落实实习事宜。关于毕业生的出路、谋职,唐文治都根据学生的学习成绩及人品、能力等实际情况写信给有关部门推荐,学生经唐校长推荐往往得到录用,而且受到用人单位的欢迎。

1915年土木科毕业生中的第一名凌鸿勋,毕业后回归广东故里,准备在当地谋一差事,在家乡奉养双亲。这时交通部有一公派到美国留学的名额,唐文治考虑到凌鸿勋品学兼优,很有培养前途,决定派他出国。第一次电报发到凌鸿勋家里,凌鸿勋以在家谋事奉养父母婉言谢绝。唐文治接到凌鸿勋回电后,立即再次发出电报,说这是一次很宝贵的深造机会,希望凌鸿勋不要轻易放弃。凌鸿勋第二次收到电报后,他和全家都很感动,于是返沪报到赴美留学,从此改变了他的命运和人生道路。他留美回国后长期从事我国铁路、公路建设方面的领导工作，对国家教育事业和交通建设事业做出了重要贡献。

唐文治有一个明确的办学目标，就是要把高等学堂办成工科大学。经多年苦心孤诣，他的目标终于实现。1920年12月，上海工业专门学校与其他三所学校组并为"交通大学"。

十年义教不受薪

1920年4月，唐文治向交通部提出辞去上海工业专门学校校长职务，随即回到无锡养病。5月，南洋公学毕业生蔡其标介绍高阳前来拜见，表达高阳奉先父高鼎焱遗命要捐资开办一所中学的意愿。高阳请求唐文治担任校长，唐文治为高氏义举感动，欣然同意，并且表明担任校长纯为义务，不受薪金。

这一年，经教育部门批准，学校定名为"私立无锡中学"。唐文治出任校长后，为学校租借无锡西水关民宅为临时校舍，于1920年9月4日举行了开学典礼。首次招生，学校招收旧制中学（学制四年）一二年级新生两个班，唐文治为学校选聘了教职员工。1921年，高阳卖掉自家住宅，又捐资两万银圆。

"私立无锡中学是无锡地区第一所由中国人出资创办并自主管理的完全中学。"唐文治以"撷中西学之菁华，崇尚道德"为办学宗旨，强调"德""智""体"三育并重，尤重人格教育。学校的教育与交通大学衔接，旨在培养一流人才，被誉为无锡的"交大预科"。

那时，校长唐文治因眼疾已双目失明，但还是坚持每隔两周的周日到校讲课。据当时的学生回忆，届时全校学生聚集大礼堂内，恭聆教诲。唐先生端坐讲台中央，神采奕奕、满面春风。陆（景周）先生侧坐。讲授的课文是《诗经》及古代名著。先由陆先生将课文分段诵读，唐先生分段讲解，解释字句意义，阐发微言大义，学生专心聆听，秩序井然。最后由唐先生通篇背诵，声音洪亮，字字清晰，跌宕顿挫，气势磅礴。激昂处铿锵有力，平抑处悠扬婉转，时人称为"唐调"。

一字一拍，抹平了缓急，平调，抹平了升降，"唐调"诵读就集中到了字和字之间的关系上。起伏和顿挫是通过入声字来实现的。字字之间的关系，为乐音的起伏或平平；句句之间的关系，就是上下调。"气"为流动于字里行间的情绪。所以，"唐调"一下子把"气"突出来了。最有气势是平调。曲折调给人以有限的感觉,而平调有无限的感觉。

"唐调"虽用平调,但如大海浪潮,一浪高过一浪,且又变化无端。因为只有一个下调,所以上调就显得很鲜明,一旦回旋于上调,就显得很高亢。"唐调"的起与收,必于下调。而且,下调是基础,没有情绪的高涨,是不用上调的。例如:中国人的为人,首先是低调的,其次该高调时就高调,并一击成功,即全身而退。若连续高歌猛进,必气势如虹,一气呵成,而达成之后也必迅速退回低调。

"月落乌啼霜满天,江枫渔火对愁眠……"平长仄短、一咏三叹的柔婉吟诵声回荡在沙溪古镇的"促织馆"里,一些脍炙人口的诗词古文被现场哼唱,每一句都带有高低起伏的音调,而且每个字的发音长短也不同,天然优美的语音和腔调感染着在场的十几名学员。"唐调"正在太仓复活,结合太仓方言特点进行传统吟诵是为了弘扬国学,唐文治创制的"唐调"吟诵典籍诗文使古老的中华吟诵焕发了青春,产生了重大影响。

(2016年8月发表于《金太仓》杂志"专化专栏")

朱屺瞻：谈艺录《癖斯居画谈》

小引：朱屺瞻（1892—1996），八岁起临摹古画，中年时期两次东渡到日本学习油画，20世纪50年代后主攻中国画，擅长山水、花卉，尤精兰、竹、石，创作继承传统，融会中西，致力创新，所作笔墨雄劲，气势磅礴，具有鲜明的民族特色和个人风格。生前历任上海艺术专科学校教授、西画系研究所主任。

他的"梅花草堂"

朱屺瞻先生在漫长的艺术生涯中，因生活的变迁曾用过不少的斋名，如"修竹吾庐""乐天画室""屋小如舟""梅花草堂""癖斯居""养菖蒲室"等。其中"癖斯居"因其一本谈艺录《癖斯居画谈》而流布艺苑外，最负盛名的当然要数"梅花草堂"了。因为朱屺瞻先生对梅花情有独钟，他不仅画梅、种梅，而且又以"梅花草堂"三颜其居，所以"梅花草堂"随着"梅花草堂主人"一起名扬中外。

老先生的第一个"梅花草堂"始建于1932年。此前，先后有两个画室毁于战火。这座在浏河镇老宅附近的废墟上建造起来的"梅花草堂"是田园式的江南风格的建筑，分国画、西画两个画室，花园占地十来亩，园中梅树数百株，手植罗汉松、芭蕉、兰、竹等，有一个炸弹坑蓄水为池，后来画友姜丹书命之为"铁卵池"。

老先生的第二个"梅花草堂"在抗战胜利之后建于上海南市淘砂场果育堂街，占地一亩六分，有中西两个画室，其中油画室100平方米、国画室60平方米，是沪上画家们乐于聚会的地方。花园里种植梅树百余株，曲径通幽，两边种着龙柏、樱桃和黄杨,并缀有假山。1947年齐白石还为之作"梅花草堂"篆书匾额,现陈列于艺术馆"草堂"。上款中白石老人叹喟,"吾友真与白石有缘也",当年齐白石87岁,而他为朱屺瞻刻的70余方印归还朱屺瞻时,老先生挥汗作"梅花草堂"追念亡友,时年朱屺瞻正值87岁,岂非有缘哉!

老先生的第三个"梅花草堂"是在上海西区的新式里弄房,二楼南面一排大窗,轩敞明亮,室内陈设简单,家具远不及艺术馆讲究,东壁一排壁橱,居中有个大画台,就是朱屺瞻每天站着画画的地方,老先生年过耄耋以后的许多作品就是在这间画室里创作的。

朱屺瞻艺术馆坐落于鲁迅公园东北隅的欧阳路580号,西门直通公园,毗邻市中心,环境优美、交通便利。朱屺瞻艺术馆在朴素典雅的江南建筑风格中注入了现代建筑元素,配有空调、电子监控、防盗报警系统以及恒温恒湿专业性库房等硬件设施,设备先进、功能齐全,占地面积800余平方米,建筑面积2000平方米,展厅面积850平方米。馆内除了常年陈列朱屺瞻先生作品的常设展厅外,还拥有三个设施完备的艺术交流展厅,并具有良好的安保系统及其他附属设施。

朱屺瞻艺术馆1995年建成开馆,它既是收藏、陈列与研究朱屺瞻先生书画艺术的专门机构,也是开展国内外艺术交流的重要窗口,发挥着中小型艺术博物馆的功能。自成立之日起即以高品位与学术性为目标开展研究、收藏、展览、交流及艺术教育工作,除致力于朱屺瞻先生的艺术研究和出版展览外,还成功举办了一系列有影响的艺术大展,包括引进国外的优秀展览,加强与兄弟省市博物馆的交流合作,实现资源共享。同时也策划了一些当代艺术家的主题性展览,产生了较好的社会效益,树立了良好的信誉。

家塾中苦心读书

朱屺瞻的祖辈世代经营酱园生意,他八岁时丧母。父亲为其聘秀才童颂禺为塾师,在新镇老宅家塾馆修竹吾庐内读书。童塾师多才艺,每于馆课之暇,画兰竹以挥洒自娱,朱屺瞻耳濡目染,逐自习作画。朱屺瞻与母亲感情很深,每当思念,便啼泣不止,故"朱屺瞻"这一名字为童老师感其思母心切,据《国风·魏风·陟岵》"陟彼屺兮,瞻望母兮"而取。朱屺瞻1905年就读于宝山县学堂。1908年毕业后,考入邮传部上海实业学校就读,曾得时任校监的著名国学家唐文治教益。

1912年，朱屺瞻开始接触西方油画，就读于上海图画美术院，该院后改为上海美术专科学校。次年在该校执教，并兼任函授乙部主任。26岁赴日留学，入川端美术学校，师从藤岛武二。首次接触后印象派梵高、塞尚、马蒂斯等的作品。1918年，油画作品《风景》入选首届苏州美术画赛会展览。1928年10月，与王济远、江小鹣、李秋君、张辰伯、潘玉良等人创办艺术绘画研究所。1929年，国画作品《春寒》等和油画作品《劳苦》《静物》入选民国政府教育部筹办的第一届全国美展。1931年，任上海新华艺专教授。1933年，出资营造新华艺专绘画研究所。次年任研究所主任兼导师，同时教授国画和西画。在该所任教的还有庞薰琴、汪亚尘、杨秀涛等。1934年，受陶行知影响，回乡创办农民业余教习所"乡村改进社"。1936年，与徐悲鸿、汪亚尘等创办"默社画会"。1937年，再次赴日考察美术教育两个月。同年，国画作品《竹石图》和油画作品《菊花》参加民国时期第二届全国美展。为使国宝不流失国外，筹集钱款购买收藏了石涛名作《万点恶墨图卷》《八大山人书画册》等，1949年后交国家博物馆收藏。

1950年，朱屺瞻当选为上海市第一次文代会代表。1953年，老小六口人住在一间"过街楼"里。同年，作品《潇湘烟雨》入选全国国画展。1954年，当选人民代表。翌年，又被聘为上海文史馆馆员。1977年，应邀为北京饭店和首都机场作画。1979年，以88岁高龄为人民大会堂创造了巨幅国画《红梅图》。同年，被聘为文化部中国画研究组成员。92岁为旧金山国际机场所作的《葡萄图》颇得好评。1984年，山水画作品《大地春意浓》获第六届全国美术作品展览会（全国美术作品展览会由中华人民共和国文化部、中国文艺界联合会和中国美术家协会主办，每五年举办一次，1949年举办第一届，简称全国美展）荣誉奖。1995年2月，大英博物馆举办了他的艺术作品展览，7月美国旧金山亚洲美术博物馆举办其画展。1996年4月20日，朱屺瞻因肺部感染而致急性左心衰竭，在华东医院病逝，享年105岁。

朱屺瞻的弟子有潘玉良、邢少兰、倪衍诚、尹光华等。为了纪念朱屺瞻，上海美术电影制片厂1981年拍摄艺术纪录片《画家朱屺瞻》。1995年，上海市政府在鲁迅公园创建了朱屺瞻艺术馆，用于收藏和研究他的作品，且该馆同时也是一个高品位的艺术交流机构。

1991年，朱屺瞻百岁时，在太仓浏河其故居处重建"梅花草堂"，计一院五室，分为展厅、画室、会客厅等。为此，朱屺瞻向梅花草堂赠送了《春风新长紫兰芽》《老干横生色如铁》《雨后溪山》等六幅精品力作。

朱屺瞻精通中西艺术，其画贯通古今，融合中西，擅画山水和花卉蔬果，作品清新质朴，雄健磅礴，意境高远，在画坛上独树一帜，深受行家赞誉，被视为无上精品。朱屺瞻与齐白石关系密切，齐白石前后为他刻印70多方，作画题跋、赠扇面数十幅。20世纪50年代以来，他先后在上海、南京、北京、香港、新加坡等地举办过十多次个人画展。他是为数不多的百岁画家，并在百岁纪念日，在上海举办了"百岁书画展"。

朱屺瞻作品丰富，极受收藏家欢迎，几乎每次重要的拍卖会都有他的作品出售，价格很高。除香港大量出售他的作品外，纽约的拍卖行也拍卖过他的画作，于香港拍卖行拍卖出最高价格的作品是1990年3月的《青松红梅》，高达22万元，1991年5月美国拍卖的一幅《露气远山晴》达到1.4万美元。国内由北京荣宝斋经售他的作品。1992年出售的《墨竹》为8000元人民币，另一幅《花卉》则为4.4万元人民币。朱屺瞻作品在国内拍卖价位较高的，要数1993年6月上海朵云轩拍出的一幅精品《雨姿晴态总成奇》，估价20万元，成交价为24.2万元。

笔贵有力，力贵有势

要理解朱屺瞻的绘画艺术，就如他所说："笔贵有力，力贵有势。"他在《探求》一文中谈到："我谈气、力、势，追求厚、朴、拙。"为了表现出这一特点，在他笔下的山水，山峰浑厚凝重，无尖峭奇伟。在表达"朴""拙"中，所画之物，均可居、可游，是在平常中追求不平凡。

朱屺瞻有时先涂大块色，再勾线条，有时先勾线条，后加色块，有时混合用之。各种技巧都可灵活运用，不必拘于一法。无论是画山水还是画花卉，最难用"点"。点比线难，点要适得其所，恰到好处，点要有力。中国画中，惟点最难，"画龙点睛"，靠点传神也。点须恰到好处，在一幅画上，多点、少点、点在哪里，都有讲究，运用得当，可以把画的神韵揭出来，抖搂醒目。点不得当，会把一幅好画弄糟。

水清无鱼，笔整无画。落笔有时要邋遢三分，姿态转妙。落笔时最忌拘谨。一须不见有笔，二须浑忘有法，然后才能自在自如。笔为朱屺瞻用，法为朱屺瞻役。中国墨色,最耐玩赏。古人云,"墨有五色",说出此中风味。朱屺瞻颇喜作泼墨画,其泼墨画技艺也在摸索中不断提高。

中国画靠笔墨,古人有"墨为肉"之说。但墨亦有骨。墨泽可呈现铁光,为彩色所不可及。用墨经验到家,便能黑而不黑。近现代画家黄宾虹晚年有眼疾,虽加墨却能黑而不黑,看上去仍觉舒服。反之,初学者用墨虽淡而有黑气。所谓不黑而黑,难入眼了。墨色重变化,于变化中显动态。所谓墨韵色,须于动态之中。以泼墨法写雨景,最能发挥水墨淋漓变化的效果。一幅画只有线条而没有墨韵,便缺乏精神,容易变得"干巴巴"的。

中国画与毛笔是分不开的。围绕着各种笔墨的应用,千百年来形成了许多实践与理论,构成了中国独特的绘画传统中不可分割的一部分。笔须藉墨(或色)以为用,不能离墨而言笔,古人笔墨合称,即此道理。笔是骨,墨是肉。从笔锋着纸看,称之曰骨;从墨汁落纸看,称之曰肉,两者缺一不可。笔有笔法,墨有墨气。大体说来,笔法决定墨气。有焦墨的笔法,也有浓墨的笔法等。

画花卉最可练笔。朱屺瞻爱作兰竹,觉得提起笔能使出"力"。画藤本,殊有趣,悬着臂,落中锋,挥出曲曲的连环,似与长蛇搏斗。画花戟也最能考验笔力,枝枝叶叶都显在眼前,笔弱隐瞒不得。朱屺瞻最爱画兰竹,因其最泼得出,最可练笔力、笔法。兰竹之题材,古人多为之。元明两代,画兰竹者特多,但成功者究属少数。画兰竹,用笔近似于书法,绘画者须有书法的基础。吴镇与文徵明的书法好,兰竹亦画得好。徐渭与朱耷善用简笔,更是难得。石涛笔墨十分熟练,能做到随心所欲。

纵观其一生,朱屺瞻有着对艺术百折不回、一往情深的浓厚感情,也就是他这种对艺术境界追求的勇气和信心,造就了其多姿多彩的艺术人生。

吴晓邦：中国新舞蹈艺术的开创者

小引：吴晓邦（1906—1995），中国舞蹈家。1906年12月18日生于江苏太仓，1995年7月8日卒于北京。代表作有《丑表功》《思凡》《饥火》《罂粟花》《虎爷》等。他迎着抗日的烽火，走出自己的"舞蹈王国"，奔向民族救亡的战场。辗转奔波，历尽艰辛，造就了自己舞蹈生涯的辉煌。

外表儒雅内心似火

1985年，时任中国舞蹈家协会主席的吴晓邦偕夫人盛捷回故乡太仓探访。老百姓都猜想着吴晓邦衣锦还乡的荣耀和前呼后拥的排场，然而他却轻车简从，就像一个普通老人踏上阔别近60年的故土，围观的群众都发呆了。人们看到的只是一个年近80岁的老者，头戴藏青呢帽，戴一副老式眼镜，身穿深色中山装，外套一件灰色风衣。不似高官显爵，不像艺术权威，如果事先不知道他的身份，实在看不出他大师级的荣誉与地位。

此外还有一个细节不得不提，那时公车很少，只能拦了一辆小卡车送吴晓邦夫妇往返剧场，接待者十分不好意思，吴晓邦却笑笑说："不要紧，过去还坐独轮车呢！"二十多年来，太仓吴炯明每忆起这段往事，崇敬之情便油然升起。后来他到北京拜访吴晓邦夫妇，中国舞蹈界一代宗师的家中竟然十分简陋，联想到其布衣还乡的风范，心中更是崇敬万分。出身于太仓殷实之家的吴晓邦，1932年在上海创办晓邦舞蹈学校，1935年又创办了晓邦舞蹈研究所，开始了新舞蹈艺术的创作、教学活动。

1935年9月，吴晓邦在上海举行了首次个人舞蹈发表会，代表作《傀儡》塑造了一个摇尾乞怜的走狗形象，揭露和讽刺了当时皇帝的卖国嘴脸；根据肖邦乐曲创作的《送葬》，象征着中国旧制度的行将灭亡；《浦江之夜》表现了生活在半封建半殖民地社会的青年在苦难中的挣扎。这一时期的作品，从现实生活出发，在题材、体裁及表现手法上进行了各种实践。吴晓邦以探索人生真谛的艺术理想，开始了他的舞蹈创作生涯。

吴晓邦早年留学日本并非研修舞蹈专业，一次偶然观舞《群鬼》，其中揭示现实社会的黑暗与罪恶的舞蹈形象震撼了他的心灵，遂毅然献身舞蹈。吴晓邦的抉择和鲁迅的弃医从文有着相通之处，闪烁着中国新文化运动的理想主义光芒和浓重的民族忧患意识。他的"为人生舞蹈"的艺术主张和奋力实践，有如一股清风，对于充斥于灯红酒绿的大都会的那些色情、俗媚的舞蹈，是有力的冲击与扫荡。

1929—1932年，吴晓邦三渡东瀛，先后向师承德国表现派舞蹈体系的老师学习芭蕾和现代舞。他并不囿于老师的窠臼，而注重科学的形体训练与创造。与此同时，也重视对传统艺术的学习，吸吮民族文化的精髓。回国后在上海兴办舞蹈学校的同时，于1935年、1937年先后举办了两次作品展示会，演出了《傀儡》《送葬》《小丑》《浦江之夜》《和平的憧憬》等十多个直接反映社会现实的舞蹈。

抗日战争爆发后，在国家和民族生死存亡的关头，吴晓邦离开上海，投身到抗日救亡的行列中。他此时的作品，在内容、形式上都随着社会现实而发生了变化。舞蹈《义勇军进行曲》和《游击队歌》是这一时期的主要作品。这两个舞蹈情感质朴、炽烈，作者以舞蹈形象抒发了同名歌曲反映出来的抗战激情，在人民群众中引起了强烈共鸣。

辉煌的舞蹈生涯

迎着抗日的烽火，吴晓邦走出自己的"舞蹈王国"，奔向民族救亡的战场。辗转奔波，历尽艰辛，造就了自己舞蹈生涯的辉煌。这一时期他创作了近百个具有强烈时代精神和艺术感召力的作品抗击法西斯，反对封建礼教的思想束缚，唤醒民众的崛起意识。最具代表性的有：以著名作曲家聂耳的同名歌曲创作的独舞《义勇军进行曲》；以著名作曲家贺绿汀的同名歌曲创作的群舞《游击队员之歌》。每次演出，观众总是群情激奋，同仇敌忾。吴晓邦在自己的回忆录中写道："一腔热血和一颗丹心交织在一起，才能产生出那样神奇的力量。"1942年,他自编自演独舞《饥火》,着力表现一个被"饥火"燃烧的躯体与灵魂的呐喊,具有强烈的震撼力。当我们面对那幅"怒问苍天",便会咏出中国唐代著名诗人杜甫的千古绝句:"朱门酒肉臭,路有冻死骨。"

1938年,吴晓邦在广东、上海、桂林、重庆等地开展新舞蹈活动。1943年,在广东省曲江地区的省立艺术专科学校开设了舞蹈系,这是中国最早的正规专业舞蹈教育机构。通过他的教学、创作,广泛地播下了舞蹈的种子。这一时期他创作的《丑表功》,分"献媚""取宠""得意忘形""败落"四个段落,舞蹈采用戏谑式的乐曲和面具,尖锐地揭露和鞭挞了汉奸卖国贼的行径。《思凡》表现了一个青年和尚在理性与欲念的矛盾冲突中的痛苦,舞蹈自然流畅,着重于人物内心的描写,富于哲理性。《饥火》通过感情色彩的变幻和动作线条的流动,蕴含着"朱门酒肉臭,路有冻死骨"的主题。他创作了舞剧《罂粟花》《虎爷》《宝塔牌坊》。《罂粟花》和《虎爷》反映了作者对国共合作、共同抗日的愿望。《宝塔牌坊》用舞蹈艺术形象,揭露了封建制度对青年男女爱情的摧残,批判了"忠孝节义"的虚伪性。

1945年6月,吴晓邦到达革命圣地延安,在延安鲁迅文艺学院教授舞蹈。此后,他辗转在解放区各地,开展新舞蹈活动。1948年,在东北民主联军总政治部宣传队舞蹈队,与部队舞蹈工作者一起,创作演出了《进军舞》。这个舞蹈,表现了人民解放军胜利进军的英雄气概,在原有战士舞蹈的基础上进行了提升,达到了一个新的水平。

中国舞蹈家协会

吴晓邦主张舞蹈应当表现社会生活,他的大部分作品用暴露、讽刺、暗示、象征等手法,揭露以往封建社会的阴暗面,具有深刻的社会意义和进步作用。他是中国新舞蹈艺术的开创者之一。

1951年,吴晓邦主持了中央戏剧学院舞蹈运动干部训练班的教学,为新中国舞蹈事业的发展培养了骨干力量。1954年,任中国舞蹈研究会主席,领导中国舞蹈史的研究工作,对儒家和道教舞蹈作了考察和研究。1957年,建立了"天马舞蹈艺术工作室",这是对他的理论体系实践的延续。他从古代音乐的旋律和节奏里,探索以乐寄情的心理规律和表现手段,赋予舞蹈以新的想象和构思,创作了《梅花三弄》《平沙落雁》《渔夫乐》《十面埋伏》《梅花操》等作品。

  1979年，吴晓邦被选为中国舞蹈家协会主席。他为促进全国舞蹈事业的繁荣、发展和学术理论的活跃做出了重要贡献。他先后在北京、江西、四川、辽宁、浙江、福建、内蒙古自治区和香港等地举办舞蹈讲习会，就舞蹈的基础理论、应用理论、舞蹈史等方面的问题举行专题讲座，并组织、领导学生们进行创作实习。1983年底，他还为北京舞蹈学院教育系、中央民族学院艺术系舞蹈科教授舞蹈理论课。

  2006年，为纪念中国一代舞蹈宗师吴晓邦先生一百周年诞辰，"为人民而舞吴晓邦舞蹈艺术思想研讨会"在江苏太仓召开。与会的老一代舞蹈艺术家们袒露肺腑之言，缅怀吴晓邦先生生前事迹，动情之处潸然泪下。透过一件件真实的事例，一位谦逊、和蔼可亲的中国舞蹈大师的形象深深刻在了每个人的心中。

  曾任吴晓邦秘书的蒲以勉女士说："先生外表有着儒雅的书卷气，表演的舞蹈也是柔美的，但先生的内心却是充满着热情，且刚强的。无论在如何困难的环境下，先生都没有放弃过舞蹈。而且他一直强调，舞蹈要贴近人民，舞蹈不是点缀，要有力度，要能震撼人心。"

  她还认为：从先生身上学到的不单是舞蹈艺术，更有谦逊和执着。1977年，当先生恢复舞蹈研究工作时，已经73岁，但吴晓邦依然秉承着"我要像农民耕地一样，种下一粒算一粒，开垦出一块算一块"的精神，竭尽所能地培养出更多的中国舞蹈家，撰写舞蹈论著，推动中国舞蹈事业的发展以及民族的振兴。

舞蹈教育家

  吴晓邦以早期现代舞的自然法则为基础，结合中国民间舞蹈的特点，创立了一套理论与实践相结合的教学体系。在教学中，他采用了"阅读、思考、习作"的教学方法，启迪舞蹈工作者的想象与创作才能。吴晓邦培养了大批的舞蹈人才，是中国有影响的舞蹈教育家。他以舞言志，以舞警世，为人生而舞，矢志不渝，坚持舞蹈教育、创作、理论三位一体的方法，培养了一大批舞蹈后继者。他一生创作了《饥火》《思凡》《丑表功》《平沙落雁》《迎春》《秋怨》《虎爷》《宝塔牌楼》等18个脍炙人口的新舞蹈节目。著有《新舞蹈艺术概论》《舞蹈新论》《谈艺录》《舞蹈续集》《舞蹈学研究》等专著。这些著作为中国舞蹈艺术理论的建设做出了巨大的贡献。

在他出生的世纪之初,中国已经有了西方舞蹈的传入。如晚清外交官的女儿裕容龄,幼年曾随父游历外国,有幸在邓肯的门下学舞,卓有成绩。回国后将学得的西方舞蹈结合自己的创造,经常在宫廷中表演,深受慈禧太后的宠爱,得以留在宫中专门研究舞蹈。又如20世纪初,涉洋留学者在撰写介绍西方的书籍时,也介绍了外国的风土人情,其中包括舞蹈。此外,欧美电影中的插舞及外国侨民传授的舞蹈,吸引了比较开放的中国人,他们对具有社交功能的西方交谊舞,产生了学习兴趣。

在提倡新的教学体制的过程中,校园舞蹈、儿童舞蹈也悄然兴起,其中以黎锦晖的儿童歌舞及创办的明月歌舞团影响较大。与此同时,不可忽视的是戏曲大师们对传统舞蹈的创新与发展。如梅兰芳等京剧四大名旦在各自的剧目中都创造了优美的舞蹈片段,具有相对独立的保留价值并得以广泛流传。而深谙京剧艺术又学习了现代艺术的欧阳予倩,更对传统舞蹈的创新做出了不可磨灭的贡献。

吴晓邦老师留给学生们最深的印象就是平易近人,学生们向他请教,他总是很耐心地聆听,但由于口音问题,他就选择笔谈。逐一写出来,对学生的问题给予回复,鼓励学生勇于创作,指引学生通过舞蹈的艺术表现手法刻画人物形象,积极反映生活。他曾说:"我甘愿做人梯,让你们站得更高,看得更远。"

吴晓邦与众不同。他是具有时代高度世纪意义的杰出舞蹈家,把舞蹈作为追求人生真谛的终身事业去奋斗,把自己的命运与民族的命运紧紧联系在一起。

蒋恩钿：心中拥有月季梦

小引： 蒋恩钿（1908—1975），出生于江苏省太仓市一个书香门第。1958年，陈谦受、蒋恩钿夫妇受邀为迎接国庆10周年而进行城市美化工作，并在新建中的人民大会堂周围建一个月季园。经过7年时间，蒋恩钿义务为天坛公园培育出3000多个月季品种，赢得了"月季夫人"的美誉。

恩钿月季园

坐落在江苏省太仓市的恩钿月季园，是中国第一个以个人名义命名的月季主题公园。该园总投资4000万元，占地面积15公顷，初期种植月季300余品种，共2万余株，已成为太仓宣传月季市花、发展月季产业、普及提高月季栽培水平的重要场所。月季是太仓市花，在太仓有深厚的文化底蕴。使现代月季走向社会、服务大众的"月季夫人"蒋恩钿女士就出生在太仓市。

她对中国月季事业的发展以及与世界月季界的交流做出了重要贡献，2008年，世界月季联合会梅兰主席在北京举行了"恩钿女士"月季新品种命名仪式，这一年，是蒋恩钿女士一百周年诞辰。为纪念这位著名的月季园艺家，太仓市决定在她的家乡建造一座恩钿月季主题公园。恩钿月季公园被列为中国月季基地。2009年4月28日，恩钿月季园开园仪式和第二届中国月季峰会在太仓举行，700多种计4万多株世界知名的月季花在月季园内争奇斗艳，让中外嘉宾和专家沉醉不已，流连忘返。

1908年，蒋恩钿出生于江苏省太仓市一书香门第。据蒋恩钿的弟弟，毕业于上海交通大学电机系、曾任沙溪中学教导主任的蒋恩铮先生介绍，他家祖上较富足，房产从太仓现东西向北壕弄到公园弄，南北向新华西路到旧时剪刀弄，这区域约三分之二的房屋曾属他们蒋家家族，他的曾伯祖父还是个四品知州。

曾位于太仓市委党校的蒋园是他们蒋家的私家花园，诚中药店最早是他家开的，到父亲蒋桐侯当家时，家道已开始中落，靠父亲当小学教师为主要生活来源。蒋恩钿从小聪明好学，从祖母那儿阅读了大量的古典文学作品，11岁时母亲不幸去世，她在太仓读完小学，初中后只得去当小学教师。

继母许蕴玉是个胸怀宽阔、慈爱善良的女性，她感到很有才气的继女蒋恩钿读完初中就工作非常可惜，于是冲破"女子无才便是德"的旧观念和当时女孩一般不读书的旧习惯，在蒋家家道开始中落的情况下，用自己的私房钱，并让娘家人出钱，供蒋恩钿到苏州振华女中（苏州市十中的前身）读高中。蒋恩钿与钱钟书夫人杨绛成为校友。蒋恩钿在振华女中学习时认真刻苦，成绩优异，且口才很好，屡获演讲比赛第一名，深受留美归来的校长的器重。

1929年，清华大学首次到南方招考女生，蒋恩钿被西洋文学系录取。在家中实在无力供她就读的情况下，振华女中校长筹资借贷给蒋恩钿去清华大学就读。1937年，29岁的蒋恩钿在大学毕业参加工作多年后，等到在经济上完全自立，才嫁给了相知相爱8年、当时已经成为银行家的清华经济系同学陈谦受。清华大学校长梅贻琦亲自为他俩主婚。

结婚后，蒋恩钿计划和丈夫一起去美国留学，担任了两年清华教职的她已拿到了富布赖特基金可赴美深造，在她和丈夫来到香港登船之前，接到婆婆病重的电报，又闻知"七七"事变爆发，感到作为有志青年不应在国家危难之时离开祖国，于是返回北京。

后因战乱，蒋恩钿逃离了北京来到重庆。蒋恩钿在迁往内地的上海护士学校教书时，迎来了1945年抗战的胜利。1948年，为了弥补当年未能到美国深造的遗憾，蒋恩钿与丈夫带着子女到美国考察学习，大大开阔了视野。

回国研究月季花

1950年，蒋恩钿和丈夫怀着建设新中国的强烈愿望回到了祖国的怀抱。蒋恩钿研读的是西洋文学，然而命运让她与月季结下了不解之缘。20世纪50年代初，蒋恩钿和丈夫从美国回到北京后，他们常去一位旅欧华侨吴赉熙家中做客。吴先生17岁入读剑桥大学，34岁取得了7个学位，最高为医学博士。

他热爱月季，倾尽平生精力，到1948年为止，已引进国外200多个月季新品种。他热情好客，北京的寓所成了他义务接待华侨的场所，每当他家的月季花开放，就主动邀请客人赏花，并亲自端上茶水，一年最多要举办9次赏花酒会。因此，吴先生的寓所成了一些文人、画家、名流汇聚的地方。这期间，蒋恩钿和丈夫成了吴先生家的常客，他们欣赏和研究月季花特别专注认真。

1951年，70岁的吴先生病重，临终前提出接替他月季事业的人要符合三个条件：年富力强，能把月季花当作事业来办，而且有财力把花买过去；懂英文，可以研读他一生积累的几十本欧美月季花专门书刊；家里要有个大院子，能把吴家的400棵月季移种过去。

实际上这三个条件完全是按照蒋恩钿的情况设想的。吴先生病逝后，蒋恩钿义无反顾地接受了吴先生的重托，把吴先生的400棵月季移栽到北京的家中并精心培育。1953年，因蒋恩钿的丈夫到天津工作，这400棵才移种两年的月季又由北京搬到了天津。此后，蒋恩钿在家中园子里为月季松土、剪枝、浇水、施肥、扦插繁殖，手臂上被月季刺扎得没有一块好皮肤，但她无怨无悔，又通读了吴先生留下的书刊，并虚心向园艺家陈俊愉、汪菊渊教授请教。经过5年的努力，她已经成了月季花的种植高手。

1958年，北京为迎接国庆10周年，需要对城市进行美化，蒋恩钿接受了在人民大会堂周围建一个月季园的任务。在丈夫的支持下，她把自己园中的月季花全部捐给了人民大会堂月季园。因为蒋恩钿已经有过两次移植月季的经验，这次在北京园林局工程师的共同努力下，从天津家中移植月季到人民大会堂就非常成功。移植仅几个月，到国庆10周年前夕，数百种月季一齐准时绽放，而且完全按照蒋恩钿事先设计安排的颜色组合成图案开花，为新建的人民大会堂增添了缤纷的色彩，吸引了众多市民和游客驻足观赏。

人民大会堂月季园建设成功后，蒋恩钿应北京市园林局之邀出任顾问。从1959年到1966年中，她全身心地完全义务地投入了月季事业。7年义务为天坛公园培育出3000多个品种，赢得"月季夫人"的美誉。

北京天坛公园

蒋恩钿工作地点在天坛公园，但是她不领取天坛公园的工资，完全是义务工作。她的住处在天坛公园祈谷坛西坛院的斋宫内，有一排五间一溜坐北朝南的小平房，东面两间打通作为蒋恩钿的工作室兼卧室，西面三间是四位女工的宿舍。蒋恩钿这间住房里面的陈设非常简单，一床一桌，两张旧沙发之间是一张小圆桌，进门一边是一个脸盆架，一边是一个简易书架，房间内没有厕所。真难以想象，蒋恩钿在天津睦南道家住的是别墅，这里的住处却那么普通，上厕所只能上户外的蹲坑厕所，大冬天很冷，可她从无怨言。

为了照顾天津的家，蒋恩钿一个星期在北京工作，一个星期回天津。到北京工作时，蒋恩钿早上从天津坐火车到北京，手提一只白藤条篮，里面总有几枝月季花枝，赶到天坛公园住处，她脱掉呢大衣，换上自制的与普通女工一样的工作服，就到月季花园工作。她平易近人，对谁都很客气，与普通工人打成一片，凡事都尽量身体力行，不搞特殊化。每天吃早饭时带一个竹壳暖瓶，自己打水回来，从不要工作人员帮忙。早饭是一碗棒子面粥，半个馒头就咸菜。中午若实在吃不下窝窝头，便到小食堂买一碗馄饨、两个烧饼，但决不超过工人两毛钱的伙食标准。年底，公园给职工分点猪肉等年货，她从来不要，知道明天要分年货，提前一天就走了。她生活俭朴，工作却非常认真投入，为了摸索月季花的扦插技术和过冬技术，又为了因地制宜节约成本，她从公园边的收旧货店买来1000个广口玻璃瓶，两分钱一个，倒扣在扦插枝上，完成了《如何生产大量的自根苗》和《月季花怎样过冬》的课题研究。她的培育基地选在祈年殿西北的一片桃园内，从解散的技校选了四个十二三岁的男孩和一个清洁工当徒弟，手把手地教他们种植月季，后来这五个人在蒋恩钿的言传身教下，都成了种月季的能手，那个清洁工就是后来成为全国一流花卉高级技师的刘好勤师傅，他练就了仅看月季叶子就可知道月季会开什么花的本领。

当时在月季花培育基地边还有个更简陋的小工棚，里面有一把捡来的三条腿破藤椅，断腿用几块砖垫着，藤椅中间有一个洞，用破棉衣铺在上面，蒋恩钿经常坐在这把破藤椅上给工人讲授栽培技术。而来这里参观的郭沫若曾十来次坐在这张破藤椅上与蒋恩钿交流种植花卉经验，并用自家的小枣树来换月季花。蒋恩钿平时很关心尊重人，看到小青年做错了事或者做得不合适，从来不直接批评，而是用自己的行动或婉转的语言暗示应该怎么做，因此大家都很尊敬地称呼她"蒋先生"。

一天，蒋恩钿看到有个小青年在独自默默地流泪，就过去问他为什么哭。他说姐姐得了急病住院，没钱做手术。蒋恩钿问做手术需多少钱，他说要50元。蒋恩钿马上拿出自己的钱交给他，让他姐姐抓紧做手术，而当时她的月工资才18元。

1963年5月中旬，天坛公园迎来了当年第一个月季花季。百姓从五彩缤纷的月季中看到了未来美好生活的希望，因此成千上万的市民争相拥到天坛公园观看月季，蒋恩钿被人们亲切地称为"月季夫人"。七年间，蒋恩钿阅读了大量的中外月季文献，写下了许多实验记录。她考证出月季来自中国。

经蒋恩钿研究，她认为，1806年，即清嘉庆十一年，英国胡姆爵士在广州郊区花地将四种中国月季带到欧洲，从此使中国月季走向世界，打破了过去认为月季来自欧洲的说法。蒋恩钿还对所有可以搜集到的月季品种作了分类，编写了月季品种目录。对于只有英文或法文名字的月季逐一翻译和编定中文名字。月季品种的鉴定对于弄清品种，指导今后培育月季新品种十分重要，蒋恩钿共对500多种月季做了名字的鉴定。

她和工程技术人员一起研究解决了批量提供月季成品苗的难题，打破了一些收藏家力图将珍稀名种据为己有的旧观念，一下子就把近代杂交茶香月季推向了全社会。她还经常与上海、常州、无锡、杭州、厦门的园艺师们研究技术，交流品种。到1966年前，天坛的1.3公顷月季园已拥有3000多个品种7000多株月季。除了天坛公园外，蒋恩钿还帮助建造了陶然亭月季园。利用回天津的时间，她不但恢复了家里的月季园，还和天津园林局的工程师一起，帮助建造了天津睦南道月季园。短短七年间，她参与了京津地区4座月季园的建设。

1964年，蒋恩钿出席了在沪杭两市召开的"全国月季专业会议"，会议确定，天坛月季园为北方月季的中心，也因蒋恩钿的原因，月季品种的定名以天坛月季园发布的为准。从此，天坛月季走向全国。蒋恩钿还协助北京与英国皇家月季花协会建立了联系。蒋恩钿利用业余时间翻译出版了美国小说《自由列车》和《富兰克林书信札》。她还和出版社签订协议，翻译澳大利亚作家普里查德（Prichard）的《有翼的种子》和《黄金里程》。

受天坛公园委托，1973年、1974年两年夏天，蒋恩钿仍精心守护着家中园地里的最后一批月季，她还养了鸡，用鸡粪为月季施肥。那时，她已患了乳腺癌，但她很乐观，希望手术后再回到北京从事她的月季事业。因为这时她丈夫已经去世，以后她不用两地跑，可以专心从事她喜爱的月季事业了。

1975年，67岁的蒋恩钿因手术后出现问题，不幸于手术后三天即6月22日在天津逝世。北京、天津的花匠们出席了她的追悼会，并在她的遗体上洒满了月季花瓣，以告慰她的在天之灵。她对月季事业的奉献精神将长存于五彩缤纷的月季花之中。

吴健雄：被称为"世界物理女王"

小引：吴健雄（1912—1997），曾获美国最高科学荣誉——国家科学勋章。吴健雄在 β 衰变研究领域具有世界性的贡献，实验结果证实了弱相互作用中的宇称不守恒，她以卓越的实验研究成果，推翻了此前关于宇称守恒观念，使物理学进入了新纪元。由于她坚强的毅力，聪明的才智，献身科学的精神，巨大的成就，国际科学界称誉她为"中国的居里夫人"。吴健雄是南京大学物理系杰出毕业生，获得了普林斯顿大学、哈佛大学、北京大学、南京大学、中国科学技术大学等校荣誉博士。

大学之道，在明明德

1912 年 5 月 31 日，吴健雄出生在江南小镇江苏太仓浏河镇。这方鱼米之乡地处长江出海口要冲，历史上的交通十分便利，是市集百货转贸中心。自元之后，有"六国码头"之称。明永乐年间郑和下西洋的开锚地即在此。其父吴仲裔先生是位思想开明、有远见卓识的达观人士。他早年就读于著名的上海南洋公学，因不满校方禁止新思想的传播，毅然退学，转入以倡导"学术自由、兼容并蓄"的爱国学社，该社由蔡元培主办。嗣后又入同盟会，并参加上海商团，学习军事技能。

吴健雄，小名薇薇。她系健字辈，排行老二。虽为女儿身，吴仲裔倒希望她不让须眉，胸怀男儿志，积健为雄，故得名健雄。父亲吴仲裔先生不仅思想开明，且敏而好学，多才多艺，唱歌、吟诗、弹风琴、狩猎，还迷上了无线电。他自己动手组装了一部矿石收音机，让小薇薇听到那来自天上的声音，给她买"百科小丛书"，向她讲述科学趣闻。这一切，在小薇薇的心田播下了科学的种子。吴仲裔深明大义，洞识教育之重要，特别关注女性教育。

当时浏河镇上有座火神庙。匪患肆虐，香火已烬，庙院为商团所占。吴仲裔苦口婆心地说服众乡绅，拆庙建校，明德女子职业补习学校始立。校名取意为"大学之道，在明明德"。吴仲裔自任校长，把其妻樊复华也拉做教员。广纳四乡平民子女读书，除开设弘扬中华文化的《论语》《古文观止》外，还增立数学、注音符号等新兴学科，研习缝纫、刺绣和园艺等。吴健雄七岁时便进校受启蒙教育。吴仲裔在课余常带女儿到镇上的天妃庙去玩，寻觅郑和航海事迹碑，向女儿讲述三宝太监郑和率船队下西洋的故事。"春雨润物细无声"，父亲在不经意中激发了吴健雄对科学的兴趣与探索精神，培养了其爱国主义情怀。

成名后的吴健雄，回忆她的人生历程，言及其父对她的一生影响时十分激动。她说："如果没有父亲的鼓励，我可能在中国某地的小学教书。父亲教我做人要做'大我'，而非'小我'。"椿庭恩泽，铸就了吴健雄的辉煌。1984年10月，她第一次回到阔别40多年的故乡，参加母校明德学校恢复校名暨明德楼落成典礼，独资捐建明德学校紫薇楼。

她平时生活以俭朴著称，但为设"吴仲裔奖学金"，她慷慨解囊，捐出巨款，以这种独特的方式表达她的"寸草心"，造福桑梓。四年后，她又专程回故乡，参加纪念父亲吴仲裔诞辰一百周年纪念活动，并亲自向太仓的优秀师生颁发"吴仲裔奖学金"。

童年吴健雄

吴健雄由一个普通农村的女孩子，成长为"一颗从'微观系统'出现的大星"，是中外众多师长培育之果。人们尊称吴健雄是"中国的居里夫人"。尽管她1936年赴美，而居里夫人1934年已作古，素未谋面；但吴健雄在国立中央大学作毕业论文的指导教师施士元先生是居里夫人的学生，由此而言倒真有一种嫡亲的师承关系。吴健雄到美后，能以一个外籍女科学家的身份参与制造原子弹的"曼哈顿计划"，一缘其时她本身已崭露头角，更得力于她的老师美国"原子弹之父"、这项计划的主持人奥本海默对她的赏识和厚爱；吴健雄在加州大学伯克利分校的导师、1959年的诺贝尔奖得主西格里对她更是喜爱有加。他们共同发现了对铀原子核分裂连锁反应有关键影响的惰性气体

"氙"。

吴健雄就有关研究结果写了篇论文，前列西格里的名字准备发表，西格里发现后删去了自己的名字。这篇论文以吴健雄独自署名的方式在美国最有权威的《物理评论》上刊出，奠定了她在物理界的地位，使她顺利地获得了博士学位。此举成为科学界佳话。西格里早年游学欧洲，与居里夫人有所过从。他在评论吴健雄时写道："她的意志力和对工作的投身，使人联想到居里夫人，但她更加入世、优雅和智慧。"

幼时的吴健雄长得眉清目秀，十分讨人喜欢。和许多其他小孩一样，在学习方面，吴健雄也是从诗文背诵、识方块字和算学起步的。在学习过程中，吴健雄已显现出颇不寻常的智力。1923年，11岁的吴健雄到离家50里的苏州读书。吴健雄就读的苏州第二女子师范是当时一所相当有名的学校。校长是一位很有眼光的教育家，经常邀请知名学者来校演讲。在这些学者中，给吴健雄印象最深的是胡适先生。

在胡适来校演讲之前，喜爱看书的吴健雄已在《新青年》等杂志上读过胡适的文章，对胡适非常仰慕。胡适来校演讲前，校长杨诲玉知道吴健雄的文章写得很好，又对胡适很崇拜，便说："健雄，你一向喜欢胡先生的思想，这一次就由你来把演讲记录写出来好了。"吴健雄还记得，胡适那次演讲的题目是"摩登的妇女"，内容是讲妇女应如何在思想上走出旧的传统，令吴健雄眼界大开。她像着了迷似的，次日又追随到东吴大学再次聆听。胡适演讲的风度，对社会改造、对新时代妇女的见解，使少年吴健雄"思绪潮涌，激动不已"。

1929年，吴健雄以优异的成绩从苏州第二女子师范毕业，并被保送到当时的国立中央大学。吴健雄就读于师范，按规定要先教书服务一年，才能继续升学，但由于当时规定并没有那么严格，因此吴健雄在这一年当中，并没有去教书，反倒是进了上海的中国公学再读一年书，因而也有机会成为胡适的得意门生。吴健雄曾说过，在一生中影响她最大的两个人，一个是她的父亲，另一个则是胡适先生。

刚开始，胡适并不认识吴健雄，他只知道中国公学有一个资质极其优异的学生叫吴健雄。有一次考试，吴健雄坐在前排，考试时间为3个小时，吴健雄仅用2个小时第一个交了卷。胡适很快看完卷子，送到教务室去，正巧中国公学的两位名师杨鸿烈、马君武都在。胡适就说，他从来没有看到一个学生对清朝三百年思想史懂得那么透彻,于是给了她100分。杨鸿烈、马君武两人也同时说,班上有一个女生总是考100分。于是三人各自把这个学生的名字写下来,拿出来一看,三人写的都是吴健雄。

吴健雄与恩师胡适

吴健雄和胡适的这段师生经历,不但吴健雄认为对她影响深远,而且胡适也曾在公开场合说过,这是他平生最得意、最自豪的事情。胡适勉励吴健雄:"凡治学问,功力之外还需要天才。龟兔之喻,是勉励中人以下之语,也是警惕天才之语。有兔子的天才,加上龟兔的功力,定可以无敌于一世。仅有功力,可无大过,而未必有大成功。你是很聪明的人,千万尊重自爱,将来成就未可限量。这还不是我要对你说的话,我要对你说的是希望你能利用你的海外往留期间,多注意此邦文物,多读文史的书,多读其他科学,使胸襟阔达,使见解高明,做一个博学的人。凡一流的科学家,都是极渊博的人,取精而用弘,由博而反约,故能大有成功。"

胡适对吴健雄影响很深,后来他们多次见面谈话。胡适对吴健雄期许甚高,呵护备至。一次胡适外出旅游,瞥见英国物理学家卢瑟福的书信集,特地买下寄给她。1936年胡适乘到美国参加哈佛大学三百周年纪念演讲之际,专程和吴健雄进行了长谈。次日胡适候船回国之间隙给吴健雄写了封长信,勖勉有加。信发出十多天后,胡适忽然想到信中的一个字母"M"系"A"之误,专此又去函更正。胡适这一字不苟的精神使吴健雄受了"很大的启示"。距此23年后,吴健雄已跻身世界著名科学家的行列,是时,她追怀往事,思绪万千。在一封致胡适的信中说:"几星期以前在整理旧物时,翻到我在西部做学生时您给我的信件,有一封是我刚从中国来到西岸(后)不久时你给我的信。信中对我竭尽鼓励,使人铭感。所以我把它翻印出来特地寄奉,不知老师还记得否?我一生受我父亲和你的影响最大……"

吴健雄对胡适的仰慕,以及后来胡适对吴健雄的激赏,尽管有人说"此给人们许多想象的空间",也只是世人的想象而已。也有人认为:吴健雄对胡适一直执弟子礼。吴健雄也确有留给他人想象空间、情感十分微妙的手札:"刚在电话中替你道别回来,心想您又要'黎明即起'的去赶路,要是我能在晨光曦微中独自驾车到机场去替您送行多好,但是我知道我不能那样做,只能在此默祝您一路平安。""但另一方面却又怕您以为我误会您的意思,使您感到不安,其实以我对您崇敬爱戴之深,决没有误解您的可能,请绝对放心好了。""念到您所肩的责任的重大,我便连孺慕之思都不敢道及,希望您能原谅我,只要您知道我是真心敬慕您,我便够快活的了。"吴健雄对自己所取得的成就,总不忘恩师的嘉惠。她说,她的研究成果"不过是根据胡先生平日提倡'大胆假设,小心求证'之科学方法"。

1942年5月30日,吴健雄30岁生日的前一天,她与袁家骝结婚了。婚礼是在袁家骝的指导教授、诺贝尔奖得主密立根的家中进行的。1962年2月24日,吴健雄夫妇应邀出席一个酒会。会上胡适讲完话后请吴健雄讲,吴健雄说他们已公推吴大猷作代表发言了。胡适遂请院士们用点心,正和朋友打招呼,忽然面色苍白,尔后仰身倒下,后脑勺碰到桌沿再摔到地上,吴健雄亲眼目睹这一惨剧,"悲痛万分,泣不成声"。翌日,吴健雄到殡仪馆瞻仰胡适遗容时"全身发抖,悲伤尤甚"。三年之后,吴健雄伉俪再度赴台到胡适墓前扫墓、献花,并参观胡适纪念馆。吴健雄把那封她珍藏了29年的信,即1936年胡适在旧金山候船时写与她的一封勉励信交给胡夫人,胡夫人将信放在展馆中陈列。

一个美丽而动人的"师恩三叠"的故事,就此画上了句号。20世纪30年代初,吴健雄开始大学求知生涯之时,物理学在西方正经历革命性变革。对于令人眼花缭乱的物理学进展,18岁的吴健雄虽然并不完全知晓,但她少年时念过关于居里夫人的传记,居里夫人是吴健雄崇拜的偶像。不过,她完全没有想到,不到20年后,自己会因为在原子核物理方面的杰出贡献而被誉为"中国的居里夫人"。

在浩渺的星空,有一颗小行星,它的名字叫"吴健雄星",是1990年中国科学院紫金山天文台以世界著名物理学家吴健雄的名字命名的。吴健雄女士以其对物理学的杰出贡献,赢得了全世界的赞誉,并最终把自己的名字留在了永恒的星空。

朱棣文：在太仓的办学情结

小引：朱棣文（Steven Chu），1948年2月28日出生，美国华裔物理学家，生于美国圣路易斯，祖籍江苏太仓，中国科学院外籍院士。因"发明了用激光冷却和俘获原子的方法"而获得1997年诺贝尔物理学奖，是继1957年的杨振宁、李政道，1976年的丁肇中和1986年的李远哲之后，第五位获诺贝尔奖的华裔科学家。

朱棣文家人

朱棣文的祖父朱祝年是太仓城厢镇的一位读书人，十分重视培养后代。大姑妈朱汝昭早年曾留学日本；二姑妈朱汝华早年留学美国，任芝加哥大学化学工程教授，是中国第一代化学家；三姑妈朱汝蓉1943年留学美国攻读化学，也是一名化学教授。

朱棣文的父亲朱汝瑾1940年毕业于清华大学化工系，1943年留美就读麻省理工学院，1946年获该院化工博士，先后任美国三所大学教授，历任美国和欧洲60多家石油、化学、导弹、核子工程及太空公司的顾问。其母李静贞出生于天津一名门之家，1945年清华大学经济系毕业后，赴美国麻省理工学院攻读工商管理。朱棣文的外祖父李书田是清华大学毕业生，1923年公费留美，回国后投身教育事业，曾任国民政府教育部长。朱棣文父兄辈中至少有12位拥有博士学位或大学教授职位。因此，朱棣文说，出身学术世家对他现在取得的成就有相当大的影响。

朱棣文的哥哥朱筑文是麻省理工学院博士，现任斯坦福大学医学系教授；弟弟朱钦文21岁即获得哈佛大学物理学博士。亲人的成就形成一种无形的压力，朱棣文说："生活在一个杰出人才众多的家庭中，你常常会感觉到自己是一个笨蛋。"他认为和兄弟们相比，自己逊色多了。他从事物理学研究时，如果三四个月没有重要的新进展，就会感到不安。

中学时，朱棣文的成绩不算拔尖，但上了大学以后，朱棣文说："我不光是学书本上的东西，而是自己想学的就下功夫学。"结果朱棣文成了最优秀的学生。1970年，朱棣文获物理学博士学位；1978年，进入美国贝尔实验室任研究员；1987年起，任斯坦福大学教授。

朱棣文最早发明出了一套利用激光冷却并俘获原子的方法，这是对物理学理论的重大突破。为此，朱棣文从1976年做博士后起整整奋斗了20年的时间。

朱棣文非常感谢父母在学习上给了他们很大的自由度。升到中学后，父母就很少再过问三个孩子的功课，并一直鼓励他们要以自己的兴趣为主来选择科系专业，一旦选定目标就要持之以恒、不懈努力。朱棣文高中毕业时，父亲本不赞成他选择物理学，认为善于绘画的儿子应该去学建筑，加之物理学界高手太多，不易出成就，做实验又多枯燥无味。但朱棣文却对物理学情有独钟，学问做得津津有味。

1998年6月，朱棣文当选为中国科学院外籍院士。朱棣文坦言，他一生有一个很大的遗憾，因为有一样东西他始终没有学好，这就是中文。朱棣文七八岁的时候，父母曾想过送他去学中文，但那时的他不想和周围的人不一样，也不想每个星期天早上到中文学校去，所以就很反抗。他说："现在回想起来，我希望那时父母能和我说中文，也希望当时我能继续上中文学校，或者进行类似的中文学习。"

朱棣文是在中西文化共同浸染下成长起来的，他继承了中西文化的精髓，他的内心深处既有西方人的率真、幽默，也有东方人的谦虚、含蓄。他不是那种木讷型的科学家，而是一个性格活泼开朗、充满风趣的人。

1993年5月，朱棣文当选为美国科学院院士，但他平时很少提及自己的研究成就，甚至在父母面前也从不提起。他的母亲说："以前他每次得奖从不告诉我们，都是我的朋友看到报道后，剪下来寄给我的。"在获知得到诺贝尔奖的当天，他仍平静如常地去上课。他说："当我想到还有更多的优秀科学家，特别是比我强的科学家还没有获奖时，我自然就不应该把这项奖看得有多重，我只是运气比较好而已。"朱棣文的父母亲则说："身为父母，有子荣获诺贝尔奖，当然非常开心，更重要的是，他替中国人争了光。"

"替中国人争光！"这是旅居海外的中华儿女共同的心愿，也是中华民族团结奋进、生生不息、永远向上、永葆青春的巨大精神力量。朱棣文建议，要多培养人才，对工作努力、有成就的人要给予奖励，以鼓励大家的奋发向上精神。

长年投身实验物理学

研究号称为"分子马达"（molecular motor）的肌蛋白细胞的收缩，此技术可以在不破坏细胞膜的情况下，操控细胞内的物质，或在密闭容器内处理稀有元素或者放射性元素。朱棣文长年投身实验物理学，他不到30岁便成为加州大学伯克利分校的物理学博士。在贝尔实验室工作数年之后，在斯坦福大学任教。

1993年，他成为美国国家科学院院士。1997年，他因在劳伦斯·伯克利实验室的激光冷却和原子捕获方面的研究获得诺贝尔物理学奖。同时他在行政管理上亦有相当经验，曾在斯坦福大学领导物理学系，又曾在贝尔实验室领导研究工作。自2004年起，他出任劳伦斯·伯克利国家实验室的负责人，该实验室每年预算规模6.5亿美元，有4000名员工。

朱棣文在职业生涯中一直致力于环保工作。掌管劳伦斯·伯克利实验室后，朱棣文即把研究重点转到新型的生化能源、人工光合作用和太阳能等一系列"绿色工程"上。此外，他还大力提倡政府引进措施，减少排放温室气体。对于把环保理念引进家庭生活，朱棣文曾说每户国民只需投资1000美元成本就可提升能源效益，可惜的是民众宁愿把钱花在花岗石的厨台上。朱棣文在美国拉斯维加斯举行的全国清洁能源会议上指出，除非能源工作由专业人士而非说客承担，否则提高能源利用效率、降低能源使用成本的目标将难以实现。

朱棣文于2008年12月15日被当时的美国总统奥巴马提名为美国能源部部长。

劳伦斯·伯克利网站上有记录，朱棣文从前倡议为气候变化寻找科学解决办法，而且还在一个新任务中领导实验室成为替代和可更新能源研究上的领袖，尤其在中性碳资源上的发展研究。朱棣文是第二位出任美国内阁首长的华人，更是首位担任美国内阁首长的诺贝尔奖得主。

太仓市朱棣文小学

"朱棣文博士是我们朱棣文小学的主人,也是我们学校的贵宾……"屋外秋雨蒙蒙,室内情意浓浓。太仓市朱棣文小学校长王晓春面对世界级的杰出科学家、诺贝尔物理学奖得主朱棣文博士及夫人,激动地汇报起学校的基本情况和今后的努力方向。朱棣文是1997年世界诺贝尔物理学奖的获得者,祖籍在江苏太仓,学校以他的姓名来命名,表示对这位伟大科学家的崇敬。学校正秉承"求真务实,开拓创新"的校风,发扬"不断超越、追求卓越"的朱棣文精神,把朱棣文小学办成一所现代化、高质量、有特色,在苏州市乃至江苏省有一定知名度的省级实验小学和太仓市的示范窗口学校。

朱棣文小学创建于1999年5月,是江苏省实验小学,江苏省实施素质教育先进学校,二十一世纪中国学校体育发展研究实验学校,江苏教育学院教育科学研究实验基地,江苏省青少年科技教育协会团体会员,苏州市德育先进学校,苏州市科技特色学校,苏州市双语实验学校,新教育实验学校。

2000年8月,学校基础设施建设基本完成,校园建筑群主要由诚信楼、启智楼、博学楼、求真楼、艺体楼、行政楼等组成,学校同时更名为"太仓市朱棣文小学"。同年8月朱棣文携夫人来校访问,并为学校题词:"Primary school is the first school, and as the first school, it is the first important step forward in a long quest of knowledge. Mary the students learn to love learning during this step。"意思是说:"小学是人生第一所学校,是获得知识的重要第一站,愿所有的人在这里学会热爱学习。"当时,学校招收20个班级、892名学生、57名教职员工。学校被苏州市教委授予"苏州市德育先进学校"。

学校确立了"科研先导、科研兴师、科研兴校"的基本策略,加大对教科研的管理力度。学校开办初期,就立项了两个苏州市级教研课题《小学语文教学中学生创新精神培养研究》和《创设问题情境,激发学生创新意识》,现已取得了阶段性成果。主课题《"朱棣文精神"在小学教育中的实践研究》成为江苏省"十五"教育科学规划立项课题,参与国家级课题《中小学教师教育科研能力培养的研究》的实践探索和研究。

教师在市级以上发表和获奖的论文达上百篇。学校出版的校刊校报有《朱棣文》《求真》《家校桥》《教育通讯》《教科研信息摘编》《展翅》等。

太仓市朱棣文小学坚持"以人为本"的教育思想，注重学校内涵和特色的发展。学校在教学常规管理上求实求细，在教学研究活动中求深求活，通过与华东师范大学教育科研人员的合作，努力将太仓市朱棣文小学打造成教师专业成长与发展的基地、学生成长与发展的乐园、教育理论与实践充分融合的舞台；同时，将在朱棣文精神的指引下，建设起具有太仓市朱棣文小学特色的学校文化——发展的文化、合作的文化、参与的文化、对话的文化、和谐的文化、创新的文化。

附录：太仓名人录

一、文苑撷英

龚宗元、龚明之、熊梦祥、秦约、陈济、陆容、陆金弋、张泰、徐祯卿、陆卿子、桑悦、王世贞、王世懋、管志道、王衡、张溥、张采、陈瑚、陆世仪、吴伟业、黄与坚、唐孙华、王时翔、汪廷玙、张藻、汪学金、彭兆荪、汪曾武、俞锷、俞颂华、狄膺、金沙。

二、翰墨清芬

顾信、王履、夏㫤、仇英、仇珠、尤求、周天球、陆子冈、赵宧光、汪关、王时敏、王鉴、归庄、王原祁、王昱、盛大士、朱屺瞻、徐梦梅、杨祖述、宋文治、崔护。

三、名宦乡贤

朱清、张瑄、郑和、费信、郁震、陈洽、王倬、姜昂、王忬、凌云翼、任环、王在晋、王锡爵、白登明、王掞、沈起元、钱宝琛、钱鼎铭、俞棣云、钱抵千、浦太福。

四、科教文化精英

郑亶、顾士琏、陆宝忠、唐文治、王舜成、俞庆恩、俞庆棠、傅焕光、朱汝、蒋恩钿、陆孝同、钱旭沧、闵庆全、魏良辅、徐上瀛、高步云、朱传茗、黄异庵、邵滨孙、朱石麟、吴晓邦。

六、实业名家

倪德、项尧仁、蒋汝坊、朱增元、吴仲裔、吴琢之。

七、状元及第

毛澄、毕沅、陆增祥。

八、中外院士

吴健雄、唐孝威、邹世昌、黄胜年、吴建屏、顾懋祥、唐孝炎、杨胜利、朱棣文、陆佑楣、龚知本。

注：《太仓名人录》由太仓名人馆提供。

主要参考书目

[1] 中共太仓市委宣传部，太仓市哲学社会科学界联合会编. 娄东文化丛书第一辑［M］. 杭州：西泠印社出版社，2008.

[2] 中共太仓市委宣传部，太仓市哲学社会科学界联合会编. 娄东文化丛书第二辑［M］. 杭州：西泠印社出版社，2011.

[3] 中共太仓市委宣传部，太仓市哲学社会科学界联合会编. 娄东文化丛书第三辑［M］. 北京：中国文史出版社，2013.

[4] 中共太仓市委宣传部，太仓市哲学社会科学界联合会编. 娄东文化丛书第四辑［M］. 北京：中国文史出版社，2016.